Gerhard Merz

DAS GROSSE BUCH DER

ORAKEL

DER BLICK IN DIE ZUKUNFT

Von I Ging und Geomantie
über Kaffeesatz
bis Baumorakel

CORMORAN

INHALT

ORAKEL

SCHLÜSSEL ZUM UNTERBEWUSSTSEIN

Orakel (lat. oraculum: Weissagung) sind so alt wie die Menschheit selbst. Sie bieten die Möglichkeit, einen Blick in die Zukunft zu werfen und den Schleier des Verborgenen zu lüften. Die wahrscheinlich ältesten Orakel kennen wir aus Afrika, der Wiege der Menschheit. Alle Naturereignisse galten als »Launen der Götter« und gaben Hinweise auf die kommende Ernte oder den Zug der Tiere und zeigten an, was das Schicksal dem Stamm oder dem einzelnen geben – oder nehmen würde.

Es gibt Hunderte von Orakel, allen ist jedoch eines gemeinsam: Sie sollen helfen, die verschlungenen Wege der Zukunft zu enträtseln und dazu beitragen, das Leben berechenbar zu machen, um sich gegen Schicksalsschläge, Krankheit oder Not zu wappnen. Es sind Chancen, uns, unser Schicksal, unsere Welt und alle verborgenen Zusammenhänge zu erkennen, zu verstehen und umzusetzen.

ORAKEL IN FRÜHEREN ZEITEN

Die Hethiter lasen die Zukunft aus den Eingeweiden von Vögeln, die Perser beriefen sich auf die Astrologie, in den Isis-Tempeln Ägyptens deuteten die Priester Träume und Visionen, in China galten Schildkrötenpanzer als Offenbarungsmedium der Zukunft.

WIR BEFINDEN UNS AUF DER STÄNDIGEN SUCHE NACH UNSEREM WAHREN ICH. DAS ORAKEL IST EINE LEBENSHILFE, EIN KOMPASS, DER UNS DABEI DEN RICHTIGEN WEG WEISEN KANN.

Im antiken Griechenland pilgerten hilfesuchende Menschen zum Zeusorakel von Dodona, wo weise Frauen unter einer heiligen Eiche den Einflüsterungen der Götter lauschten – oder sie kamen zum Orakel von Delphi, dem wahrscheinlich berühmtesten Orakel der Welt.

Die Auguren im Römischen Reich beobachteten Vögel, ihren Flug, ihre Anzahl, ihr Aussehen; ihre Nachfolger, die Haruspizes, suchten den nächtlichen Himmel nach Blitzen ab. Die Germanen lasen die Zukunft in tierischen (manchmal auch menschlichen) Eingeweiden, aus dem Flug der Vögel oder dem Wiehern der Pferde.

ES GIBT KEINEN ZUFALL

Alle Seher, Propheten und Wahrsager sind sich bis zum heutigen Tage einig: Wer die Zukunft vorhersieht, besitzt auch Macht über die Gegenwart. Es gibt keinen Zufall! Alles, was sich anscheinend »willkürlich« ereignet, ist das Resultat kosmischer Gesetzmäßigkeiten. Schon die alten Babylonier hatten erkannt, daß das im Universum vorhandene Gleichgewicht, das Zusammenspiel aller Kräfte und Energien, nichts anderes ist als schöpferische Harmonie. Eine Harmonie, die positiv und lebensbejahend ist im ureigensten Sinne.

IN VIELEN KULTUREN DIENTEN ORAKEL DAZU, DEN KONTAKT MIT DEN AHNEN ODER GÖTTERN HERZUSTELLEN. DIE ERFORSCHUNG DER ZUKUNFT SPIELTE IN DIESEM FALL NUR EINE UNTERGEORDNETE BEDEUTUNG.

RÜCKBESINNUNG AUF ORAKEL

Erstaunlich und verständlich zugleich ist, daß in unserer »aufgeklärten« Zeit immer mehr Menschen Astrologen oder Wahrsager aufsuchen, um sich die Zukunft deuten zu lassen. Haben die moderne Technik und die sterile Zivilisation, die Totengräber der menschlichen Intuition, die alten Götter nicht entthront? Wir glauben doch fest daran, daß in unserer Zeit alles machbar ist, daß wir fast alle Geheimnisse des Lebens erforscht, das Rätsel Mensch gelöst haben, ja selbst dem Tod Paroli bieten können.

Wo ist das naive Staunen geblieben, das ehrfürchtige Aufblicken zum Undurchschaubar-Unbegreifbaren? Die göttlichen Offenbarungen werden nicht mehr gehört: Es ist zu laut geworden auf dieser Welt – wir können unsere innere Stimme nicht mehr hören. Wir sehnen uns nach dem Rätselhaften, dem nicht Erkennbaren. Im Grunde genommen sind wir immer noch oder immer wieder auf der Suche nach uns selbst.

Manchmal ist die klare Sicht auf die eigenen Möglichkeiten verbaut, oder die Angst vor zukünftigem »Versagen« wird zu stark. Dann können Orakel helfen, den Weg, der vielleicht zeitweilig etwas im Nebel liegt, deutlich zu machen.

Orakel als Lebenshilfe

Bis in unsere heutige Zeit haben sich einige sehr alte Orakel erhalten: das I Ging – das klassische System der chinesischen Magie –, die Traumdeutung, das Tarot – das mutmaßlich aus Ägypten stammt –, die Geomantie – eine der ältesten Wahrsagetechniken der Menschheit –, die Numerologie – die Magie der Zahlen – oder das Handlesen. In neuerer Zeit hinzugekommen sind das Lesen aus dem Kaffeesatz oder aus Teeblättern, das Kartenschlagen, das Würfeln und das Bleigießen.

Betrachten Sie das Orakel nicht als absolute Lebenhilfe, als alleinigen Rettungsanker, als »Krücke«, mit denen sich die vielfältigen Probleme des Lebens und des Alltags konfliktfrei bewältigen lassen. Die Antworten auf alle Fragen, die Sie haben oder erfahren möchten, sind in Ihnen selbst – irgendwo im Labyrinth Ihres Unterbewußtseins – angelegt. Das Orakel ist nur ein Schlüssel zu diesem Schatz. Nehmen Sie erhaltene Antworten auch nicht als absolute Wahrheit an. Die Antworten geben Ihnen einen Hinweis auf positive oder negative Grundtendenzen – was Sie daraus machen, ist allein Ihnen überlassen.

DIE BEFRAGUNG UND DER SPIELERISCHE UMGANG MIT DEM ORAKEL WERDEN IHNEN HELFEN, SICH SELBST UND IHREN PARTNER BESSER KENNENZULERNEN UND ZU VERSTEHEN.

So befragen Sie das Orakel

Formulieren Sie im Geist eine konkrete Frage, auf die Ihnen das Orakel eine Antwort geben soll. Stellen Sie Ihre Fragen nicht verbissen ernst, gehen Sie eher spielerisch vor. Je lockerer Sie das Orakel handhaben, desto klarer sind die Antworten, die Sie erhalten werden.

Wenn Sie sich insgeheim eine Antwort zurechtlegen, wird Ihnen das Orakel bestätigen, was Sie sich erhoffen. Wollen Sie das wirklich, oder möchten Sie lieber eine unabhängige Antwort aus den tieferliegenden Schichten Ihres Unterbewußtseins? Geben Sie also nichts vor, nehmen Sie die momentane Aussage des Orakels hin. Wenn Sie damit nicht einverstanden sind, befragen Sie es später noch einmal.

Formulieren Sie jeweils nur eine Frage, diese aber präzise und positiv. Wenn Sie beispielsweise die Frage stellen: »Wird es mir bald wieder besser gehen?«, geben Sie zu, daß es Ihnen im Augenblick der Fragestellung schlecht geht und daß Sie hoffen, daß bald eine Änderung zum Guten eintritt. Fragen Sie besser so: »Ich habe derzeit eine ungute Phase, was kann ich tun, um sie rasch hinter mich zu bringen?« Diese Fragestellung motiviert Sie bewußt und unbewußt und setzt schöpferische Kräfte frei, die auf Ihr Wohlbefinden wirken.

Eindeutige und passende Aussagen erhalten Sie dann, wenn Sie entspannt und ganz locker fragen, nichts voraussetzen und hoffnungsvoll abwarten, welche Antwort Ihnen gegeben wird. Münzen, Karten, Holzstäbchen oder Schlüssel – das alles sind nur Hilfsmittel, die Ihnen helfen, Zugang zu Ihrem Unterbewußtsein zu finden, in dem eigentlich alles, was unser Leben betrifft, längst niedergelegt ist.

Verschiedene Arten der Orakelbefragung

Orakel werden unterteilt in einfache Befragungen, sehende Orakel und deutende Orakel.

Bei der einfachen Befragung antwortet das Orakel mit »Ja« oder »Nein«, gegebenenfalls auch noch mit »Vielleicht«. Einfache Orakel werden mit einem Pendel ausgeführt oder durch das Abzählen von Blättern, Blüten oder anderen Symbolen. Auch das Losen gehört dazu: Wer wird am Tresen zuerst bedient ? Wer zieht das kürzeste Streichholz?

IN EINIGEN GESELLSCHAFTEN AFRIKAS WURDEN DEUTENDE ORAKEL AUCH GENUTZT, UM SOZIALE SPANNUNGEN IM UMFELD EINES KRANKEN AUFZUDECKEN UND SOMIT ZU SEINER HEILUNG BEIZUTRAGEN.

Das sehende Orakel beruht auf der Auslegung und Interpretation innerer Bilder. Als Hilfsmittel zur Konzentration, um diese Bilder im Geist hervorzurufen, dienen beispielsweise Handlinien, Stäbchen, Kaffeesatz, Teeblätter oder der Bleiguß.

Beim deutenden Orakel sind zwei Personen nötig. Die eine interpretiert Ereignisse und Geschehen aus dem Leben des anderen, der die Fragen stellt. Als Orakelmedien dienen Tarot- oder Skatkarten, Zahlen oder persönliche Gegenstände.

Ein Orakel spricht nicht von selbst, es interpretiert auch nicht, es wählt nur eine Möglichkeit aus, die vorher schon vorformuliert wurde. Es greift zurück auf die in allen Menschen tiefverwurzelten Urerfahrungen, auf das »kollektive Unterbewußtsein«, wie C. G. Jung es nannte.

DAS WURF

WO IHR RING ZU LIEGEN KOMMT, IST KEIN ZUFALL, SONDERN EIN FINGERZEIG DES SCHICKSALS.

Das Wurforakel ist ein aufschlußreiches Spiel, das Ihnen nicht nur viel über zukünftige Ereignisse sagen kann, sondern auch über den Zeitraum, in dem diese stattfinden werden. Das Orakel geht auf den Stamm der Bantu in Afrika zurück. Anstatt eines Rings benutzten sie Steine, Tierzähne oder Körner, die sie in die Luft warfen, um aus ihrer Position am Boden die Zukunft abzulesen. Doch auch gekrönte Häupter wie Königin Elisabeth sollen sich des Wurforakels bedient haben, um zu erfahren, was das Schicksal für sie bereithielt.

Sie benötigen – zusätzlich zu dem hier abgebildeten Spielbrett – einen steinlosen Ring (Ehering oder anderen schmalen Reif) und ein großes Blatt Papier, auf dem Sie Fragen und Antworten, am besten mit Datum, notieren. Die Aufzeichnungen werden es Ihnen erleichtern, den Ihnen vom Schicksal bestimmten Weg zu verfolgen.

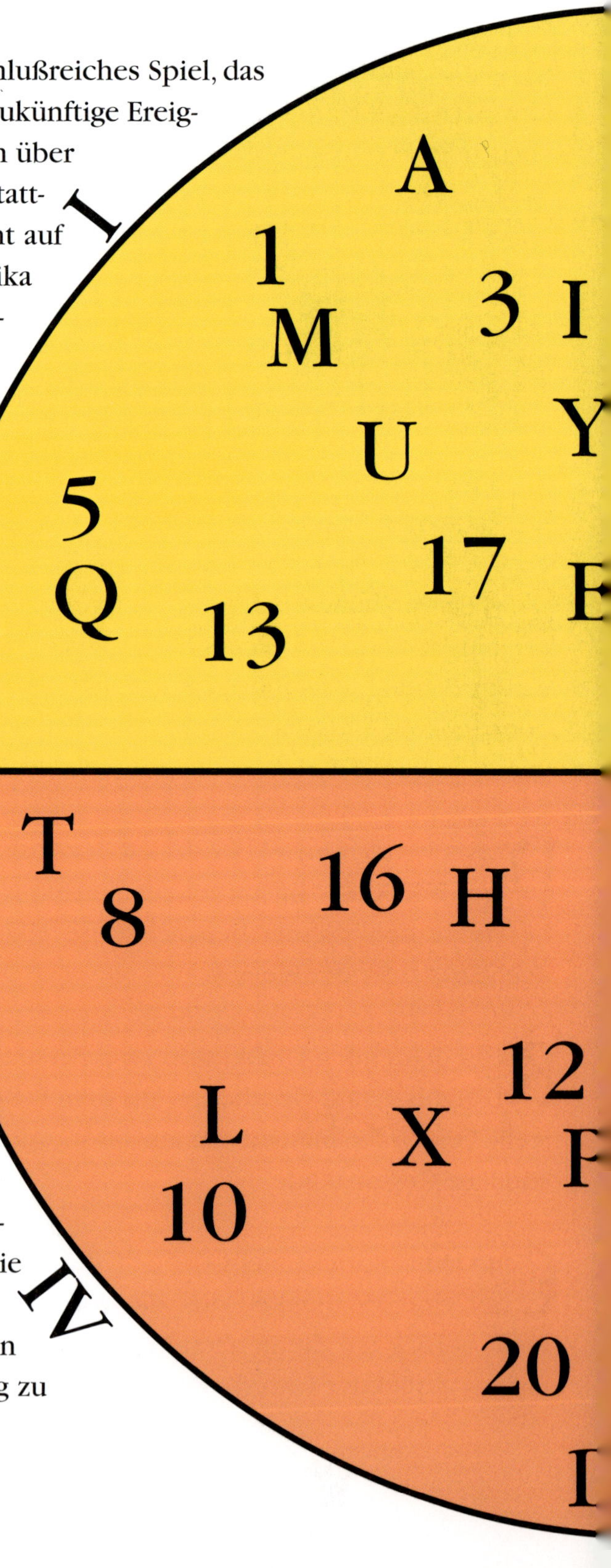

ORAKEL

SO BEFRAGEN SIE DAS WURFORAKEL

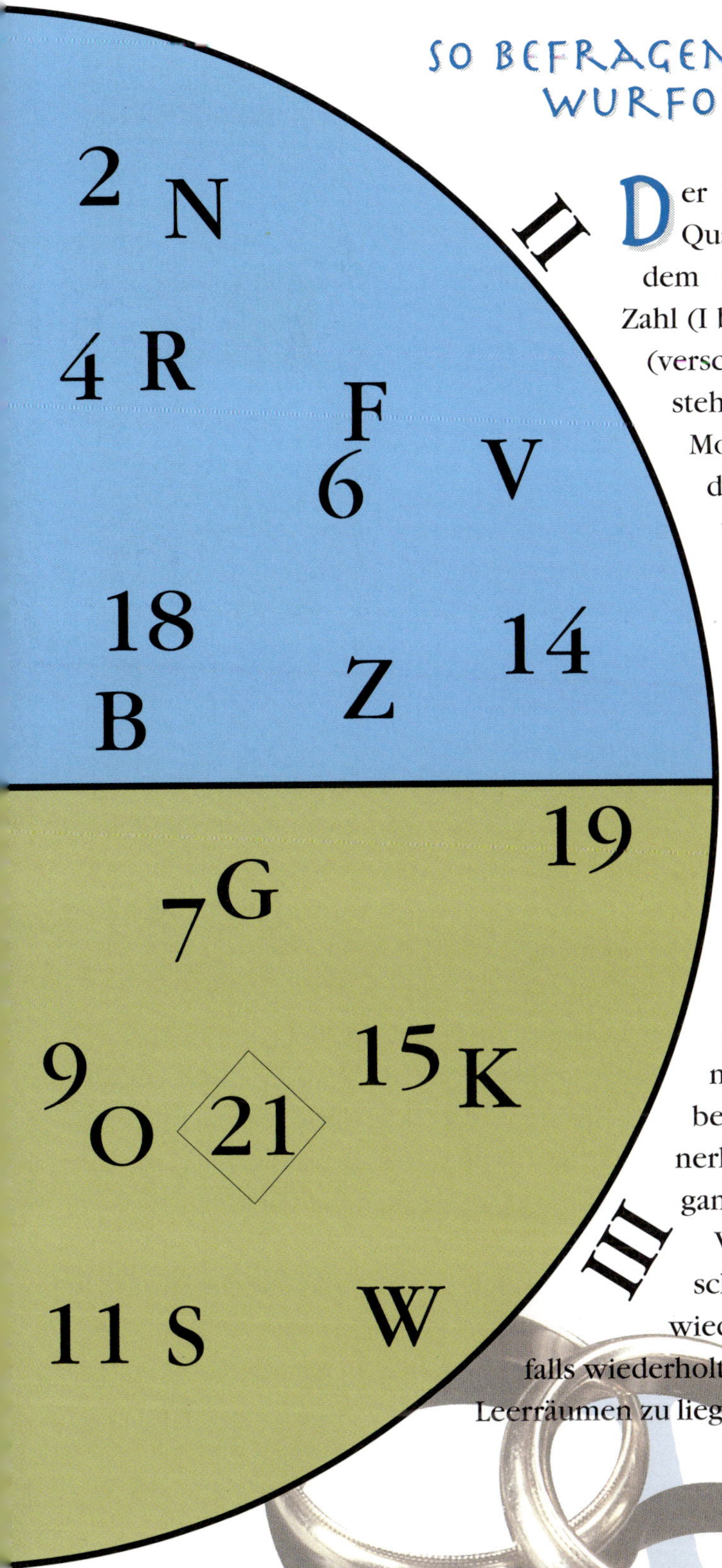

Der Wurfkreis ist in vier Quadranten unterteilt. Jedem Quadranten ist eine Zahl (I bis IV) zugeordnet, die (verschlüsselt nach nebenstehender Tabelle) den Monat anzeigt, in dem das Ereignis stattfinden wird, nach dem Sie das Orakel befragen.

Der Ring wird von den Mitspielern nacheinander aus gleicher Entfernung auf das Spielbrett geworfen. Derjenige, dessen Ring beim ersten Wurf auf der höchsten Zahl zu liegen kommt, darf beginnen. Dabei gilt es zu beachten, daß die Zahl innerhalb des Ringes immer ganz zu sehen sein muß. Werden Zahlen angeschnitten, muß der Wurf wiederholt werden. Ebenfalls wiederholt werden Würfe, die auf Leerräumen zu liegen kommen.

MONATSTABELLE (QUADRANTENZAHL):

I	Januar März Juni
II	April August Oktober
III	Mai September Juli
IV	Februar November Dezember

Nehmen Sie zum Werfen Ihre dominante Hand (das ist bei Rechtshändern die rechte, bei Linkshändern die linke). Konzentrieren Sie sich auf Ihre Frage und denken Sie daran, eine eindeutige Formulierung zu wählen, auf die das Orakel mit ja oder nein antworten kann.

FÄLLT IHR RING NICHT IN DEN KREIS, SO WAREN SIE NICHT KONZENTRIERT GENUG. WERFEN SIE IN DIESEM FALL NOCH EINMAL.

Die Zahl des Quadranten, in den der Ring fällt, bestimmt den Monat des Ereignisses oder das Datum der Erfüllung Ihres Wunsches. Die arabische Zahl, auf der Ihr Ring zu liegen kommt, gibt Ihnen Auskunft, wie Sie Ihr Ziel am besten erreichen.

In jedem Quadranten stehen neben den Zahlen auch noch bestimmte Buchstaben. Sie geben Ihnen Auskunft über Ihre persönlichen Qualitäten zum Zeitpunkt Ihres Wurfes.

DIE BEDEUTUNG DER ZAHLEN

1 Ihre Erfolge gipfeln darin, Dinge voranzutreiben, selbst wenn sich Ihnen große Hindernisse in den Weg stellen. Sie finden immer wieder die Kraft, Ihr Lebensfloß in die Mitte des Stromes zu leiten und das Ruder fest in der Hand zu halten. Ihre Bemühungen tragen Früchte. Behalten Sie aber Ihre Ziele dennoch weiter im Auge.

2 Unterschätzen Sie Ihre Gegner nicht. Momentan lassen sich Ihre Ziele nur mit Mut und Ausdauer verwirklichen. Verlassen Sie sich dabei auf Ihre Intuition. Lehnen Sie aber derzeit besonders großzügig erscheinende Angebote ab. Es ist einfach noch nicht an der Zeit, um Entwicklungen und Entscheidungen forcieren zu können.

3 Sie haben sich bisher viel zu wenig zugetraut. Werden Sie sich Ihres erstaunlichen Durchsetzungsvermögens bewußt. Wenn Sie Ihre Energiereserven sinnvoll einsetzen, wachsen Sie über sich selbst hinaus und erreichen Dinge, die Sie sich nie hätten träumen lassen. Achten Sie auf Ihre Ernährung, denn Ihre Gesundheit hängt wesentlich von ihr ab.

4 Ein Geschehen zieht seine Kreise. Jetzt sollten Sie handeln, sonst ist Ihre Partnerschaft gefährdet. Beweisen Sie Ihrem Partner Ihre Zuneigung und versuchen Sie ihn besser zu verstehen. Beharren Sie nicht stur auf Ihrem Standpunkt, sondern lassen Sie auch seine Meinung gelten.

5 Sie sind geneigt, wichtige Probleme zu ignorieren, statt sich ihnen zu stellen. Das geht zwar einige Zeit gut, dann aber kann von heute auf morgen das böse Erwachen kommen. Man kann im Leben keinem Problem ausweichen, das müßten Sie eigentlich wissen. Packen Sie Ihre Aufgaben mutig an, das imponiert auch Ihrem Partner.

6 In diesem Jahr sollten Sie Ihre Wirkung auf Freunde, Kollegen und Nachbarn testen. Beachten Sie die Reaktionen auf Ihre Worte und Handlungen. Sie haben in den nächsten Monaten viele Bewährungsproben zu bestehen und brauchen dazu all Ihre Kräfte. Wenn Sie sich auf Ihre Aufgabe konzentrieren, werden Sie sie meistern.

7 Versuchen Sie nicht zuviel zu verändern. Wenigstens nicht in den nächsten vier Wochen. Grübeln Sie nicht über vergangene Dinge nach, die Sie im nachhinein nicht mehr ändern können. Mit gezielten Entspannungsübungen können Sie leidvolle seelische Rückstände aufarbeiten. Das macht Sie frei für neue kreative Ideen.

8 Sie und Ihr Partner sind ohne Zweifel ein ideales Paar. Sie müssen sich gegenseitig nur mehr Freiraum lassen. Nehmen Sie einander nicht die Luft zum Atmen. Impulsiv und ungeduldig wie Sie sind, könnte es zu hitzigen Auseinandersetzungen und leidenschaftlichen Szenen kommen. Warten Sie noch einige Tage ab, dann wird sich vieles zum Guten wenden.

9 Gehen Sie mehr aus sich heraus, und Sie werden Ihren Weg machen. Mit Geduld und Konzentration lösen Sie alle Schwierigkeiten im persönlichen und beruflichen Bereich. Ihrer Karriere steht nichts mehr im Weg. Sie dürfen sich nur nicht unter Ihrem Marktwert verkaufen.

10 Fügen Sie sich nicht einfach in Ihr Schicksal, unternehmen Sie etwas. In Ihnen schlummern ungenutzte Kräfte, die nicht zur Entfaltung kommen, weil Sie nicht gefordert werden. Wenn Sie jetzt das Ruder herumreißen, können Sie über sich selbst hinauswachsen.

11 Sie dürfen auf andere keinen Zwang ausüben, nur weil Sie selbst in eine Situation geraten sind, aus der Sie sich momentan nicht befreien können. Sie müssen auch lernen, kompromißbereiter zu sein. Zwingen Sie sich aber nicht, etwas zu tun, was Ihnen unangenehm ist. Schaffen Sie sich eine motivierende Atmosphäre.

BEIM WURFORAKEL IST DIE VERSUCHUNG GROSS, DAS SCHICKSAL DURCH GEZIELTES WERFEN SELBST IN DIE HAND ZU NEHMEN. DEM KÖNNEN SIE VORBEUGEN, INDEM SIE DIE AUGEN SCHLIESSEN.

12 Gehen Sie nicht allzu leichtsinnig mit dem Wohlwollen um, das man Ihnen entgegenbringt. Das trifft andere Menschen sehr empfindlich. Sie haben viele gute Möglichkeiten, sich beruflich zu verändern – eine Phase, die aber nicht sehr lange anhält. Konzentrieren Sie sich daher auf das, was jetzt am wichtigsten für Sic ist.

13 Einige Ihrer Vorhaben bekommen aussichtsvolle Realisierungschancen. Schieben Sie daher Entscheidungen nicht auf die lange Bank. Meistern Sie Ihre Unruhe und holen Sie für Ihr Vorhaben so viele Informationen ein wie nur möglich. Damit wird Ihre Ausgangsposition, für die anstehenden Probleme günstiger sein. Ihr Verhandlungsgeschick ist ein wertvoller Pluspunkt für Ihre Karriereplanung.

14 Mit Ihrem Scharfsinn und Ihrem taktischen Geschick können Sie einen alten Feind wieder zum Freund machen. Ergreifen Sie diese Chance auf jeden Fall, denn sie wird nicht mehr wiederkehren. Ihr ganzes weiteres Leben ist derzeit im Begriff, eine für Sie äußerst vorteilhafte Veränderung zu erfahren. Wenn Sie Ihre Entscheidungen nach Ihrem inneren Gespür ausrichten, verläuft alles nach Plan.

DIESES ORAKEL EIGNET SICH SEHR GUT, UM ES MIT MEHREREN LEUTEN GEMEINSAM ZU BEFRAGEN. LADEN SIE DOCH EINMAL GUTE FREUNDE ZU EINEM »ORAKEL-ABEND« EIN.

15 Unterbrechen Sie Ihre momentane Glückssträhne nicht durch unüberlegte Spontaneität oder unbedachte Manipulationen. Bewahren Sie die Ruhe – und nehmen Sie sich für Ihre Pläne viel Zeit. Alles wird sich zu Ihrer Zufriedenheit entwickeln, wenn Sie ganz gelassen die Entwicklungen abwarten. Mobilisieren Sie dann Ihre Kräfte – Sie werden mehr erreichen, als Sie für möglich halten.

16 Ihr inneres Gleichgewicht ist gestört. Das kommt nicht von ungefähr. Sie haben zuviel auf einmal angepackt und nichts davon richtig beendet. Beraten Sie sich mit einem Freund, dem Sie vertrauen und auf den Sie zählen können. Von einem Außenstehenden lassen sich viele Dinge oft besser und ohne Emotionen überblicken und beurteilen.

17 Sie dürfen sich Gefühlsdingen nicht verschließen, müssen aufgeschlossen bleiben – empfänglich auch für die leisen Untertöne. Es verärgert den Partner, wenn seine Bedürfnisse nicht ernst genommen werden. Behalten Sie nicht immer das letzte Wort und fühlen Sie sich nicht gleich so verletzt, wenn man Sie kritisiert. Sie wissen doch: Konstruktive Kritik ist ein guter Lehrmeister und bringt Sie letztlich weiter.

18 Lassen Sie sich von Ihrer derzeitigen Krise nicht verunsichern. Halten Sie Ihre Stimmungen im Gleichgewicht. Wenn Sie sich allen negativen Einflüssen gegenüber verschließen, stärken Sie Ihre geistigen und seelischen Kräfte. Betrachten Sie alles, was Ihnen augenblicklich widerfährt, mit viel Humor und einem Augenzwinkern.

19 Sie sollten Ihrem Partner viel mehr Vertrauen entgegenbringen und nicht immer gleich so mißtrauisch sein. Machen Sie sich frei von alten Gewohnheiten und suchen Sie für sich und Ihren Partner neue Wege. So werden Sie wieder zusammenfinden und eine besonders tragfähige Grundlage für Ihre Beziehung haben.

20 Bleiben Sie bei Geldausgaben besonnen und vermeiden Sie größere Anschaffungen. Es ist für Sie noch nicht der richtige Zeitpunkt, um große finanzielle Transaktionen zu tätigen oder Verpflichtungen einzugehen. Bleiben Sie also realistisch und stabilisieren Sie Ihre bestehende Lage. In zwei Monaten können Sie wieder aufatmen.

21 Vor Ihnen liegt ein wunderbares Jahr. Ein Jahr der glücklichen, erwiderten Gefühle, der großen finanziellen Erfolge, des Aufstiegs und der großen Gewinnchancen. Stellen Sie in den nächsten Monaten die Weichen für Ihr zukünftiges Leben und machen Sie Ihre Ziele fest. Es wird viel auf Sie einstürmen, doch Sie machen das Allerbeste daraus, denn Sie sind erfüllt von Stärke und Harmonie. Verpassen Sie die vielen Gelegenheiten, die sich Ihnen für die Zukunft bieten, nicht.

DIE 21 GILT ALS DAS GLÜCKSZENTRUM. WER SIE TRIFFT, DARF SICH SOWOHL IM PRIVATEN ALS AUCH IM GESCHÄFTLICHEN BEREICH AUF EINE ÄUSSERST ERFOLGREICHE ZUKUNFT FREUEN.

BUCHSTABEN – AUSDRUCK IHRER AKTUELLEN PERSÖNLICHEN QUALITÄT

A: Hoffnung
B: Zuversicht
C: Aufregung
D: Gemeinsamkeit
E: Wagemut
F: Überschwang
G: Täuschung
H: Herausforderung
I: Ehrlichkeit
J: Erfolg
K: Erkenntnis
L: Kraft
M: Begeisterung
N: Beharrlichkeit
O: Selbstüberwindung
P: Ehrgeiz
Q: Friede
R: Vergangenheit
S: Veränderung
T: Intuition
U: Ruhm
V: Gelassenheit
W: Verbesserung
X: Mißtrauen
Y: Hindernis
Z: Aufbruch

DAS HOLZORAKEL

IN EINEM ANDEREN HOLZORAKEL GIBT DIE FORM EINES VERKOHLTEN HOLZSCHEITES DEN JUNGFRAUEN AUSKUNFT ÜBER AUSSEHEN UND CHARAKTER IHRES ZUKÜNFTIGEN EHEMANNES.

Wenn am Abend die Krieger des mutigen Herrschers Dschingis Khan an ihren Lagerfeuern saßen und sich nach einem harten Tagesritt die steifen Glieder an den hochauf lodernden Flammen erwärmten, warfen sie kleine Holzstäbe auf die Erde, um an deren Lage abzulesen, ob sie den morgigen Tag überleben würden, was ihnen die Zukunft brächte oder wie hoch beim nächsten Beutezug ihr Anteil sein würde. Lange Zeit war das Holzorakel verschollen, doch eines Tages tauchte es im Besitz eines Wiener Forschers wieder auf und gewann seitdem zunehmend an Popularität.

SO BEFRAGEN SIE DAS HOLZORAKEL

Zu diesem Spiel brauchen Sie drei Holzstäbchen, von denen eines farblich gekennzeichnet sein muß. Nehmen Sie entweder hölzerne Fleischspieße oder schnitzen Sie sich drei dünne Stöckchen, die nicht länger als 25 cm sein sollten. Eines der Stäbchen färben Sie entweder blau oder rot ein – es ist der Joker im Holzorakel.

Die Stäbchen werden mit der linken Hand, der Herzhand, auf den Tisch oder auf die Erde geworfen. Sobald sie ruhig liegen, vergleichen Sie die Form, die von den Stäbchen gebildet wird, mit den nachstehenden Anordnungen. Entscheiden Sie sich für das Symbol, das Ihrem Wurfbild am nächsten kommt, und lesen Sie, was Ihnen das Holzorakel über Ihre Zukunft sagen will. Dieses Spiel bedarf einiger Übung, und es wird Ihnen vielleicht nicht gleich auf Anhieb gelingen. Lassen Sie sich dennoch nicht entmutigen – mit etwas Geduld werden Sie bald viel Spaß an diesem Holzorakel finden. Sie können es beliebig oft und mit beliebig vielen Personen spielen.

neutrale Stäbchen

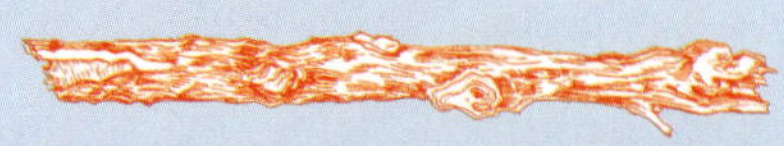

Joker

DSCHINGIS KHANS

ERLÄUTERUNG DER WÜRFE

Die eingeschlagene Richtung führt Sie geradewegs ans Ziel Ihrer Wünsche. Lassen Sie sich jetzt nicht von Ihrem Vorhaben abbringen. Obwohl Sie viele Neider haben, wird es Ihnen gelingen, sich durchzusetzen. Gehen Sie nicht rücksichtslos vor. Ein Erfolg, der auf dem Rücken anderer erzielt wurde, wandelt sich bald ins Gegenteil.

WIE DIE STÄBCHEN ZU LIEGEN KOMMEN, IST EIN AUSDRUCK IHRER MOMENTANEN VERFASSUNG.

Lassen Sie alles Nebensächliche beiseite und richten Sie Ihre ganze Konzentration auf das Wesentliche. Sie befinden sich in einer Phase, in der alle Ihre Vorhaben von großem Glück begünstigt sind. Zögern Sie nicht lange, Ideen und Pläne sofort in die Tat umzusetzen. Sie müssen keinen Wettbewerb scheuen, denn Sie werden bald ganz oben auf der Siegertreppe stehen.

Wenn Sie sich die Mühe machen, hinter die Dinge zu sehen, wird Ihnen klar, daß man Sie bisher nur ausgenutzt hat. Denken Sie in Ruhe über Ihre weiteren Schritte nach und hören Sie endlich auf, sich über die Motive des anderen etwas vorzumachen. Zögern Sie eine Entscheidung nicht länger hinaus. Rasches Handeln wird sich positiv auswirken und Sie von einer schweren Last befreien. Sie sind dann wieder offen für einen neuen Weg.

Zwei gleich starke Kräfte prallen in dieser Konstellation aufeinander. An dieser Auseinandersetzung kommen Sie jedoch nicht vorbei. Sie müssen jetzt für das kämpfen, was Ihnen wirklich am Herzen liegt, sonst rückt Ihr Ziel vielleicht für immer in weite Ferne. Ihre Berechenbarkeit ist allerdings in diesem Fall ein großes Plus. Ihr Partner erkennt, daß es Ihnen mit Ihrer Sache ernst ist und Sie die Flinte nicht gleich ins Korn werfen.

Sie sind mit Ihrer derzeitigen Situation nicht zufrieden. Dennoch dürfen Sie sich jetzt nicht zu überstürzten Handlungen hinreißen lassen. Warten Sie alles in Ruhe ab. Derzeit können Sie nicht viel an Ihrem Schicksal ändern, doch Ihre Zeit wird kommen. Üben Sie sich bis dahin in Geduld, bauen Sie Ihre Position weiter aus und legen Sie sich eine Strategie zurecht. Sie haben gute Karten und werden aus diesem Spiel als Gewinner hervorgehen. Bewahren Sie die Ruhe, was immer auch geschieht.

WENN SIE DIE ANORDNUNG IHRER STÄBCHEN ÜBERHAUPT KEINEM DER HIER ABGEBILDETEN SYMBOLE ZUORDNEN KÖNNEN, WERFEN SIE NOCH EINMAL.

Ihre Bemühungen tragen Früchte. Das haben Sie sich auch verdient, denn Sie haben hart darauf hingearbeitet. Daß Ihnen der Durchbruch gelungen ist, haben Sie vor allem Ihrer Ausdauer und Ihrem Durchhaltevermögen zu verdanken. Ruhen Sie sich dennoch jetzt nicht auf Ihren Lorbeeren aus, sondern behalten Sie Ihre weiteren Ziele im Auge. Ihre mitreißende Energie und Konsequenz wird von ihren Freunden und Kollegen bewundert. Doch Vorsicht: Erfolg ruft auch Neider auf den Plan. Im persönlichen Bereich werden Sie mit einer Enttäuschung konfrontiert.

Jagen Sie nicht nur immer Tagträumen hinterher, sondern sehen Sie der Realität ins Auge. Ihre Schwierigkeiten, Wünsche und Wirklichkeit unter einen Hut zu bringen, haben Sie in der Vergangenheit um den verdienten Erfolg gebracht. Doch geben Sie nicht vorschnell auf: Wenn Sie Ihre gegenwärtige Situation genau analysieren und Ihre Gedanken in eine andere Richtung lenken, können Sie mit Energie und großem Einsatz Ihre Vorstellungen doch noch realisieren. Der Lohn ist Ihnen in diesem Fall sicher.

In dieser Woche werden Sie einen bezaubernden Menschen kennenlernen. Es könnte der Partner fürs Leben sein. Halten Sie Ihre Gefühle zunächst noch im Zaum und gehen Sie nicht zu zielstrebig vor, um den anderen nicht abzuschrecken. Lassen Sie sich und ihm etwas Zeit, um einander besser kennenzulernen. Diese neue Beziehung wird Ihnen die nötige Kraft für Ihren Beruf verleihen. Bald werden sich einige kleinere Erfolge einstellen. Bauen Sie darauf auf – Sie könnten der Beginn einer großen Karriere sein.

Es hat lange gedauert, aber mit Ihrer jetzigen Vorgehensweise befinden Sie sich auf dem richtigen Weg. Er ist zwar noch etwas steinig, doch ein Umstand, der Ihnen heute großes Kopfzerbrechen bereitet, wird positive Auswirkungen haben und Ihnen zu einer wichtigen Einsicht verhelfen. Schenken Sie Ihrem Partner mehr Vertrauen und erzählen Sie ihm von Ihren Gefühlen. Dadurch lösen sich Spannungen, die Ihre Beziehung derzeit belasten. Sie können Ihre Partnerschaft auf eine neue Basis stellen.

Wenn Sie jetzt durch überstürztes Handeln keine unnötigen Risiken eingehen, stehen Ihnen geschäftliche Erfolge bevor. Sie sind kurz vor der Realisierung Ihrer kühnsten Träume. Gefährden Sie Ihre Ziele nicht. Es lohnt sich, Ihre Anstrengungen noch etwas zu verstärken. Sie werden eine persönliche Neuorientierung erfahren, die nach allen Richtungen positiv ausstrahlt. Die Übereinstimmung zwischen Ihnen und Ihrem Partner ist ungewöhnlich groß. Nutzen Sie die Harmonie, um Ihre Beziehung zu festigen. Auch ungeklärte Punkte Ihrer Vergangenheit lassen sich jetzt besprechen.

WAS SEHEN SIE IN DER ANORDNUNG, DIE IHRE STÄBCHEN BILDEN? GEHEN SIE DURCHAUS ETWAS VON DEN HIER ABGEDRUCKTEN ERKLÄRUNGEN WEG UND DEUTEN SIE INTUITIV!

Innerhalb kurzer Zeit werden Sie es zu Ansehen und Wohlstand bringen. Versäumen Sie es nicht, Menschen, die Ihnen zu diesem Erfolg verholfen haben, an Ihrem Glück teilhaben zu lassen. Nur dann wird es von Dauer sein, und Sie werden Ihren Wohlstand sogar noch vermehren können. Nicht nur beruflich, auch privat stehen Sie auf der Sonnenseite des Lebens. Ihr Partner blickt bewundernd zu Ihnen auf und wird sich in Zukunft in vielen Bereichen kompromißbereit und nachgiebig zeigen.

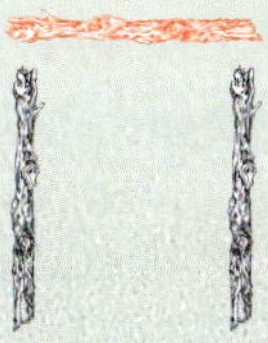

Es gilt jetzt, Toleranz gegenüber Ihren Mitmenschen zu zeigen und in einer bestimmten Angelegenheit mit viel Fingerspitzengefühl vorzugehen. Ihre derzeitige Situation macht es dringend erforderlich, daß Sie in Ihren Ansprüchen etwas mehr Zurückhaltung üben. Nicht jedem fällt das so leicht wie Ihnen. Wenn Sie sich vorbildlich verhalten, qualifizieren Sie sich für eine gut dotierte Position, die Ihnen viel Ansehen einbringt. Sie werden das Vertrauen Ihrer Partner und Vorgesetzten nicht enttäuschen.

Zögern Sie nicht, die Hand zu ergreifen, die Ihnen ein Mensch, der Ihnen viel bedeutet, reicht. Man hat Ihnen ein großes Unrecht, das Sie vor einiger Zeit begangen haben, vergeben und ist jetzt bereit, Ihnen dabei zu helfen, sich auch selbst zu verzeihen. Endlich können Sie wieder aufatmen; Sie finden die innere Ruhe, nach der Sie sich seit langer Zeit gesehnt haben. Sie haben jetzt eine Phase der Entspannung und der Reflektion dringend nötig. Ziehen Sie sich zurück, um Ihr Leben neu zu überdenken.

Jetzt ist die beste Gelegenheit, um mit Ihrem Partner Zukunftspläne zu schmieden. Gehen Sie auf ihn zu, sie werden nicht abgewiesen. Im Gegenteil: Alle Ihre langgehegten Wünsche gehen wie von selbst in Erfüllung. Auch ein Freund meint es gut mit Ihnen. Er schlägt Ihnen ein Geschäft vor, von dem Sie beide profitieren können. Lassen Sie sich dieses Angebot durch den Kopf gehen und lehnen Sie nicht vorschnell ab. Es könnte der Grundstein für Ihre berufliche Selbständigkeit sein.

OB IHRE UNTERNEHMUNGEN UND IHRE PARTNERSCHAFT UNTER EINEM GUTEN STERN STEHEN, OFFENBART IHNEN DAS HOLZORAKEL.

Jetzt winkt Ihnen der Erfolg, hinter dem Sie schon so lange herjagen. Sie haben sich ihn wirklich verdient. Leben Sie Ihre Gefühle aus, halten Sie sie nicht zurück und vergessen Sie zurückliegende negative Erfahrungen. Richten Sie den Blick nach vorn, dann kann Sie auf Ihrem Weg nach oben nichts und niemand mehr aufhalten. In einigen Wochen erhalten Sie eine Nachricht, die Sie erfreuen wird. Aus einer lockeren Bekanntschaft kann sich eine tiefe Beziehung entwickeln – vielleicht finden Sie sogar den Partner fürs Leben. Forcieren Sie jedoch nichts.

Eine Herzensangelegenheit, die Ihnen einigen Verdruß bereitet hat, wendet sich nun endlich zum Guten. Ihre Partnerschaft wird dabei neue Impulse erhalten. Sie und Ihr Partner ergänzen sich aufs Beste. Genießen Sie den warmen, rücksichtsvollen Umgangston, der zwischen Ihnen und Ihrem Partner herrscht. Er ist die allerbeste Basis, um nun auch über unausgesprochene Wünsche zu sprechen, die Ihre Beziehung in der Vergangenheit häufig überschattet haben.

Sie stehen am Anfang eines großen Erfolges. Ihr Aufstieg ist nicht mehr aufzuhalten. Aber denken Sie daran: Man wird Sie danach beurteilen, mit welchen Mitteln Sie nach oben gekommen sind. Vergessen Sie nicht Ihre Freunde, die Ihnen geholfen haben, diese jetzige Position zu erreichen. Sie sollten es als Ihre Verpflichtung ansehen, anderen in schwierigen Situationen ebenfalls zu helfen und beizustehen. Auch Sie werden möglicherweise bald wieder auf Hilfe angewiesen sein.

Überraschend eröffnen sich Ihnen neue Geldquellen, mit denen Sie Ihre langersehnten Ziele verwirklichen können. Darüber hinaus werden Ihre Fähigkeiten jetzt anerkannt und gewürdigt. Man überträgt Ihnen eine verantwortungsvolle Position, die voll und ganz Ihren Fähigkeiten entspricht. Sie sind ein Glückspilz und sehr zu beneiden. Auch privat tut sich einiges. Eine alte Liebe tritt wieder in ihr Leben. Versuchen Sie unbedingt, frühere Fehler zu vermeiden – diese Person ist es wert!

Hören Sie nicht zu sehr auf Ihren Verstand; verlassen Sie sich in Herzensangelegenheiten lieber voll und ganz auf Ihre innere Stimme. Sie werden mit dieser gefühlsbetonten Einstellung glücklicher werden. Ihr Partner ist mit allem, was Sie tun und planen, einverstanden. Er wird Sie in jeder Beziehung unterstützen. Das Glück ist Ihnen hold, und Sie werden auch in der nächsten Zeit überaus erfolgreich sein. Nutzen Sie die Gunst der Stunde auch für geschäftliche Transaktionen, mit denen Sie schon geliebäugelt haben, die Ihnen bisher aber zu risikoreich erschienen waren.

BERUF UND PARTNERSCHAFT STEHEN IM MITTELPUNKT DIESES HOLZORAKELS. SIE KÖNNEN ES ALLEIN ODER MIT FREUNDEN SPIELEN.

Was Sie jetzt von anderen bekommen, haben Sie sich voll und ganz verdient. Sie haben schließlich viel getan und so manche Stunde Ihrer Freizeit dafür geopfert. Nun sollten Sie sich Zeit nehmen und an sich selbst denken. Der Partner, den Sie in den letzten Monaten vernachlässigt haben, verwöhnt Sie sehr. Beweisen Sie, daß Sie es wert sind. Er wird Ihnen in zwei Wochen ein überraschendes Geständnis machen. Freuen Sie sich schon jetzt darauf, es gibt Ihrem Leben neuen Schwung.

KARTEN

Schon vor rund 500 Jahren zog man Spielkarten zu Rate, wenn man mehr über seine Zukunft erfahren wollte. Manche Menschen vertreten sogar die Meinung, sie seien eine handliche Form des chinesischen I-Ging-Buches und Marco Polo habe sie aus dem Reich der Mitte nach Europa gebracht. Hier ersetzten die Karten bald die Würfel, die lange Zeit zum Deuten des Schicksals dienten. Die erste bekannte europäische Kartenlegerin war Madame Ambruget, die mit der Vorhersage eines Sieges der französischen Truppen im letzten Spanischen Erbfolgekrieg für großes Aufsehen sorgte und damit der Kartomantie zum Durchbruch verhalf.

Auch heute noch ist das Kartenlegen ein beliebter Zeitvertreib, obgleich es – gewerblich ausgeübt – strafbar ist. Früher wie heute sind viele Menschen neugierig darauf, was Ihnen die Zukunft bringt, wie es mit der Liebe oder mit der Gesundheit steht und welche Chancen die Karriere bieten mag.

DIE BEDEUTUNGEN DER KARTEN GEBEN IHNEN ANHALTSPUNKTE, IN WELCHE RICHTUNG SIE IHRE GEDANKEN LENKEN SOLLEN. LASSEN SIE IHREN GEFÜHLEN FREIEN LAUF, DANN WIRD ES IHNEN LEICHT FALLEN, IHRE SPRACHE ZU VERSTEHEN.

WIE SIEHT IHRE ZUKUNFT AUS?

Mit einem einfachen Skatblatt (32 Karten) können Sie Ihr Schicksal befragen und erfahren, was Ihnen die Zukunft bringt. Entfernen Sie zunächst alle Karten mit der Ziffer 7 aus Ihrem Blatt. Entspannen Sie sich und konzentrieren Sie sich auf eine Frage, für die Sie sich vom Kartenlegen eine Antwort erhoffen. Mischen Sie die Karten nun einige Male und legen Sie das Kartenpäckchen vor sich hin.

Heben Sie einige Karten ab und legen Sie diese links neben den Hauptstapel. Dann nehmen Sie nochmals einige Karten auf und plazieren diese auf der rechten Seite. Ziehen Sie aus jedem Stapel eine Karte und legen Sie sie verdeckt in der Reihenfolge der Stapel nebeneinander vor sich hin. Denken Sie weiterhin ganz fest an Ihre Frage, um ausreichend positive Energie zu aktivieren. Drehen Sie anschließend die mittlere Karte um, dann die linke und zuletzt die rechte Karte.

LEGEN

ASSE BESTIMMEN DIE GRUNDTENDENZ

In dieser Form des Kartenorakels sind Asse die wichtigsten Karten im Spiel. Ihre Aussage ist nicht nur besonders stark, sondern sie verstärken darüber hinaus auch die Tendenzen anderer Karten. Liegen zum Beispiel zwei rote Asse neben einem schwarzen As, so ist diese Konstellation positiv zu deuten. Zwei schwarze Asse neben einem roten gelten hingegen als negative Anordnung.

WENN BEI EINER AUSLEGUNG EIN AS ERSCHEINT, IST DIE TENDENZ ZU EINER BESTIMMTEN ENT-WICKLUNG BESONDERS STARK.

Herz-As: Die große Liebe stellt sich ein. Es kann nur noch wenige Monate dauern, bis Ihr Wunsch in Erfüllung geht. Wenn Sie eine zweite Herzkarte gezogen haben, können Sie bereits in den nächsten Tagen mit einem Anruf, einem Brief oder einer erfreulichen Begegnung rechnen. Wer von Ihren neuen Bekanntschaften der oder die richtige ist, sagt Ihnen Ihre innere Stimme. Vertrauen Sie auf Ihr Schicksal.

Karo-As: Alle Ihre Vorhaben stehen unter einem guten Stern. Bald werden Ihre Bemühungen ausreichend belohnt werden. Eine Begegnung wird zu einem beglückenden Erlebnis. Sie dürfen nur nicht zu forsch vorgehen, sonst verderben Sie alles. Lassen Sie sich Zeit, auch wenn es Ihnen schwerfällt. Von dieser gelassenen Atmosphäre werden Sie in bester Weise profitieren.

Pik-As: Sie müssen sich noch etwas in Geduld üben. Warten Sie einfach ab, bis Sie fühlen, daß der richtige Zeitpunkt gekommen ist, um sich Ihrem Partner zu offenbaren. Liegt das Pik-As neben dem Herz-As, haben Sie allen Grund, glücklich zu sein. Sie werden bald eine Veränderung in Ihrem Leben erfahren, die eine Bereicherung darstellt.

Kreuz-As: Diese Karte wird zurecht gefürchtet. Wenn sie gezogen wird, zeigt das dem Betroffenen, daß sich seine Wünsche nicht erfüllen, daß Partnerschaften in die Brüche gehen können, daß sich erhoffte Ziele nicht erfüllen werden.

BEDEUTUNG DER ÜBRIGEN KARTEN

DIE ZUSAMMENSETZUNG DER DREI VON IHNEN GEZOGENEN KARTEN SOLLTEN SIE BEI IHRER DEUTUNG EBENSO IN BETRACHT ZIEHEN WIE DIE AUSSAGE DER EINZELNEN KARTEN.

HERZ

Herz-König: Ehemann, verheirateter Mann, guter Freund. Er steht jedoch auch für eine eventuell größere Erbschaft.

Herz-Dame: Sie werden die Frau Ihres Herzens kennenlernen. In beruflicher Hinsicht kann diese Karte eine neue Stellung bedeuten.

Herz-Bube: Er steht für Aufrichtigkeit oder für einen guten, treuen Freund. Sie sind derzeit vor Enttäuschungen sicher.

Herz-Zehn: Sie sagt Ihnen große Freude, Heirat, Liebe, Ankunft, Glück und gute Erfolgsaussichten im Beruf voraus.

Herz-Neun: Mit dieser Karte stellen sich gute Nachrichten, große Freude, eine Verlobung oder eine Kindstaufe ein.

Herz-Acht: Auch sie bringt gute Nachrichten, außerdem eine Verbesserung Ihrer Situation, eine andere Umgebung und neue Ideen.

KARO

Karo-König: Er symbolisiert den Geliebten, Freund, unverheirateten Mann und das Glück, doch auch Rechtsstreit und Krankheit.

Karo-Dame: Diese Karte verheißt die Geliebte, unverheiratete Frau, Freundin, aber auch die Hoffnung auf gute Zeiten im Beruf.

Karo-Bube: Wünsche erfüllen sich, ein guter Freund hilft Ihnen aus der Klemme, Aufrichtigkeit in der Partnerschaft.

Karo-Zehn: Eine positive Karte, die für viel Geld, Reichtum, eine große Reise, neue Bekanntschaften und eine Erbschaft steht.

Karo-Neun: Es kommen eine kleine Reise, Überraschungen, Gewinne und Vorteile im Job auf Sie zu.

Karo-Acht: Ein Symbol für Einnahmen, kleinere (Geld-)Geschenke, Neuigkeiten und eine wichtige Unterredung.

PIK

Pik-König: Der Besuch von guten Freunden oder Verwandten, eine Beförderung und gute Nachrichten stehen ins Haus.

Pik-Dame: Lassen Sie Vorsicht walten vor Feindinnen, Mißgunst, Intrigen und neidischen Kollegen.

Pik-Bube: Es zeichnet sich eine Aufbesserung Ihrer finanziellen Situation ab. Gleichzeitig steht die Karte für Uniformierte und die Wahrheit.

Pik-Zehn: Sie haben einen beruflichen Aufstieg, aber auch eine Krise in Ihrer Partnerschaft vor sich.
Pik-Neun: Diese Karte verheißt nichts Gutes. Sie steht für Eifersuchtsszenen, Krankheit, Gefahr und Verstimmung.
Pik-Acht: Ebenfalls eine negative Karte. Sie bringt Schwierigkeiten, Krankheit, Gefahr, Traurigkeit und Sehnsucht mit sich.

KREUZ

Kreuz-König: Ein nahestehender Mensch wird überraschend eingreifen. Die Karte bedeutet außerdem Ferien und Urlaub.
Kreuz-Dame: Glückwunsch, Ihre Zuneigung wird erwidert. Überstürzen Sie jetzt aber nichts, jemand übt großen Einfluß auf Sie aus.
Kreuz-Bube: Bald werden Sie negative Nachrichten erreichen. Ein ungünstiger Bescheid flattert ins Haus.
Kreuz-Zehn: Ein Wunsch wird sich nicht erfüllen. Sie werden jedoch bald eine größere Reise antreten.
Kreuz-Neun: Auch diese Karte steht für eine Reise. Außerdem rät sie zu mehr Risikobereitschaft und verspricht großes Glück.
Kreuz-Acht: Jemand führt Böses gegen Sie im Schilde. Nehmen Sie sich vor Intrigen in acht.

NEUE KARTEN SOLLEN ERST EINGEWEIHT WERDEN. VERWENDEN SIE SIE DAHER NICHT SOFORT ZUM DEUTEN, SONDERN TAUSCHEN SIE NACH UND NACH KARTEN AUS IHREM ALTEN SPIEL AUS.

WERDE ICH BALD HEIRATEN?

Diese Frage beschäftigte nicht nur früher die Damen. Ob und wann Sie in den Stand der Ehe treten, sagt Ihnen folgende Auslegung.

Nehmen Sie dazu ein Kartenspiel mit 32 Blatt und mischen Sie es gut. Dann holen Sie sich einen kleinen Karton und werfen die Karten hinein. Den Karton stellen Sie an einem Freitag unter Ihr Bett. Am darauffolgenden Sonntagmorgen holen Sie ihn wieder hervor. Greifen Sie hinein und nehmen Sie eine Karte heraus.

Wenn es ein Herz-Bube oder eine Herz-Dame ist, wird sich Ihr Liebeswunsch bald erfüllen. Sollte es eine andere Herz-Karte sein (Zehn, Neun, Acht oder Sieben), teilen Sie Ihr Lebensalter durch den Kartenwert. So viele Wochen wird es dauern, bis sich die Chance ergibt, daß Sie Ihr Liebesglück finden und in die Arme schließen können.

GEOMANTIE

Die Geomantie (Geos = Erde und Mantie = Wahrsagen) ist eine uralte Kunst der Weissagung, mit der man die Zukunft durch die Kraft der Erde erfährt. In alten Zeiten glaubte man, daß entweder der Geist Gottes, der die Erde erschaffen hat, oder Erdgeister demjenigen die Hand führen, der das Orakel befragt. Man weiß, daß schon vor vielen tausend Jahren die Kunst der Geomantie ausgeübt wurde. Arabische Weise benutzten sie ebenso wie Frauen slawischer Stämme oder die Ureinwohner Madagaskars. In Afrika war Geomantie ebenso verbreitet wie in Europa. Um das Orakel zu befragen, bohrte man mit den Fingern oder einem Stöckchen Löcher in die Erde oder malte Striche in Asche oder Sand.

SO BEFRAGEN SIE DAS ORAKEL

Für die heutige Form der Geomantie nehmen Sie einfach ein Blatt Papier und malen darauf – ohne zu zählen – beliebig viele Striche nebeneinander. Füllen Sie auf diese Weise vier Reihen. Zählen Sie dann die Striche jeder Reihe: Für eine gerade Anzahl notieren Sie zwei Punkte nebeneinander, eine ungerade Zahl von Strichen ergibt einen Punkt.

UM DIE STRICHE MÖGLICHST LOCKER AUS DEM HANDGELENK AUFS PAPIER ZU BRINGEN, EIGNET SICH EIN WEICHER BLEISTIFT ODER EIN FASERSCHREIBER BESONDERS GUT.

BEISPIEL:

//////////////// = o o

///////// = o

/////// = o

//////////////////// = o o

Aus Anzahl und Anordnung der Striche ergibt sich die Figur 5, »Vereinigung«. Um zu erfahren, was sie über die Zukunft des Orakelbefragers aussagt, lesen Sie die Erläuterungen der geomantischen Symbole.

BEDEUTUNG DER GEOMANTISCHEN SYMBOLE

NR. 1: DER GEWINN

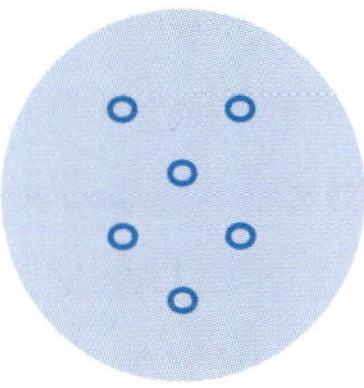

Aus einer zufälligen Begegnung mit einem Unbekannten entwickelt sich erst eine herzliche Freundschaft, dann eine tiefe Liebe. Es bestehen gute Aussichten auf einen großen Lottogewinn oder eine plötzliche Erbschaft. Ein ertragreiches Geschäft kann bald erfolgreich abgeschlossen werden. Alle Hindernisse, die Ihre Pläne bisher torpediert haben, lösen sich in Wohlgefallen auf. Sie rücken Ihrem Ziel in naher Zukunft ein großes Stück näher. Ein verlorener Gegenstand, an dem Sie sehr hingen, taucht wieder auf. Wenn Sie in einen Prozeß verstrickt sind, haben Sie beste Chancen, ihn zu gewinnen.

NR. 2: DER VERLUST

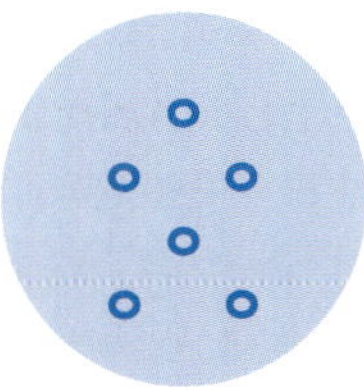

Die Dinge werden sich regeln, aber ganz anders, als Sie es sich vorstellen. Sie stehen an einem Wendepunkt in Ihrem Leben. Zögern Sie nicht zu handeln, sonst drohen Ihnen empfindliche Verluste. Sie müssen nur wissen, was Sie wollen, und notfalls gründlich umdenken. Verheimlichen Sie Ihrem Partner nichts, er würde es Ihnen nie verzeihen. Hüten Sie sich aber anderen gegenüber vor zu großer Vertrauensseligkeit. Ein falscher Freund in Ihrer unmittelbaren Umgebung wird sich bald entlarven.

UM NICHT IN DIE VERSUCHUNG ZU KOMMEN, DURCH MITZÄHLEN »WUNSCHFIGUREN« HERBEIZUFÜHREN, KONZENTRIEREN SIE SICH BEIM ZEICHNEN VOLL UND GANZ AUF IHRE ATMUNG.

NR. 3: DIE FREUDE

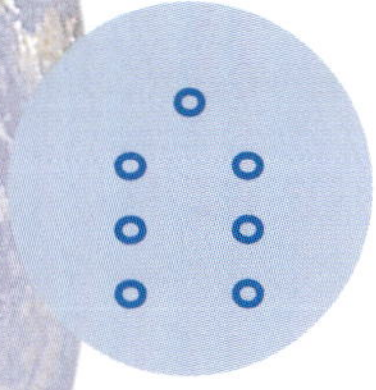

Sie haben großen Erfolg beim anderen Geschlecht, möglicherweise heiraten Sie bald. Wahrscheinlich wird Ihr Partner Sie darum bitten. Ihre Hoffnungen werden sich in partnerschaftlicher Hinsicht erfüllen. Ihre Stellenbewerbung wird positiv beantwortet werden. Sie haben an Ihrem Arbeitsplatz gute

Aussichten, befördert zu werden. Unternehmen Sie eine lang aufgeschobene Geschäftsreise, Sie werden erfolgreich sein. Sie gewinnen einen neuen guten Freund. In Geldgeschäften können Sie beachtliche Gewinne erzielen, wenn Sie geschickt vorgehen. Sollten Sie Schulden haben, wird man Ihnen großzügig entgegenkommen.

NR. 4: DIE TRAUER

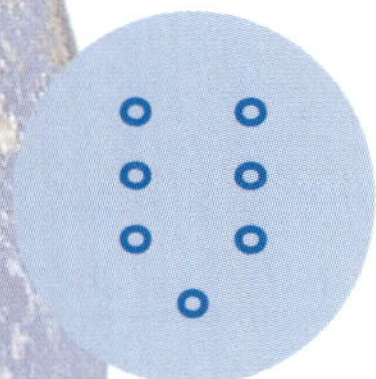

Punktieren Sie noch einmal, wenn Sie diese Figur erhalten haben, damit das Negative durch das Positive ausgeglichen werden kann. In der Partnerschaft beginnt es zu kriseln. Wägen Sie Ihre Worte sorgfältig ab. Jede unbedachte Äußerung könnte irreparable Folgen haben. Verschieben Sie Reisen oder Ausflüge auf später. Mit Freunden oder Nachbarn kann es leicht zu Zerwürfnissen kommen. Da Sie jedoch vorgewarnt sind, können Sie jedem aufkommenden Streit die Spitze nehmen. Achten Sie jetzt darauf, daß Sie nicht hintergangen werden. Vorsicht: keine Verträge unterzeichnen.

NR. 5: DIE VEREINIGUNG

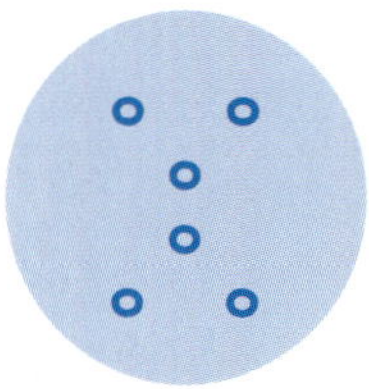

Ein geliebter Mensch kehrt wieder zu Ihnen zurück und wird Sie sehr glücklich machen, wenn Sie Ihre Gefühle zeigen. Ein Prozeß, der verloren schien, nimmt einen guten Ausgang. Kreative Arbeiten finden jetzt große Anerkennung, wenn Sie Ihrer Originalität freien Lauf lassen. Nach der Überwindung eines Schwächezustandes wird sich gute Gesundheit einstellen. Verweilen Sie nicht zu sehr in der Vergangenheit, das hat keinen Sinn. Sehen Sie nach vorne, denn das Schicksal hält viele gute Chancen für Sie bereit.

16 GEOMANTISCHE FIGUREN ERGEBEN SICH AUS DEN VERSCHIEDENEN KOMBINATIONEN VON EINER GERADEN ODER UNGERADEN ANZAHL VON STRICHEN IN DEN VIER REIHEN.

NR. 6: DAS GEFÄNGNIS

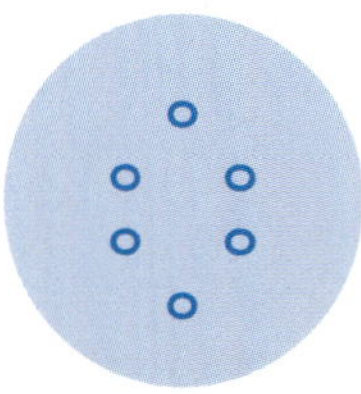

Ihr Liebesglück entwickelt sich aus Verständnis, Achtung und Vertrauen. Sie können sehr viel erreichen, wenn Sie sich auf Ihre wirklichen Qualitäten und Anlagen besinnen. Glauben Sie an sich selbst, Sie sind stärker, als Sie denken. In naher Zukunft müssen Sie mit der Geldgier eines Verwandten rechnen. Vorsicht, lassen Sie sich nicht unter Druck setzen! Ein Vorgesetzter intrigiert gegen Sie. Er wird sich aber selbst entlarven. Sie werden wieder rehabilitiert und können mit einer Beförderung und neuen Aufgaben rechnen.

NR. 7: WEISS

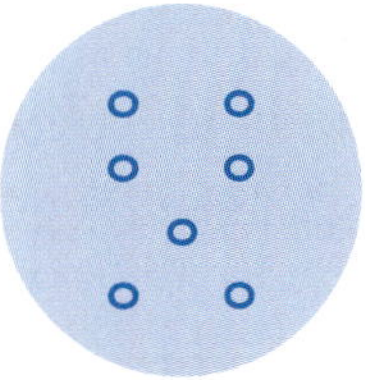

Sie lernen einen liebevollen Partner kennen, mit dem Sie sich sehr gut verstehen werden. Es wird über Sie kommen wie ein Blitz! Diese Person könnte Ihr Liebespartner fürs ganze Leben werden, der Mensch, mit dem Sie alt werden möchten. Abgesehen von einigen kleineren Auseinandersetzungen, wie es sie im Alltag immer wieder gibt, geht es in Ihrer Familie recht harmonisch zu. Beruflich werden Sie sich verändern und viel Anerkennung erfahren. Ihr Drang zur Perfektion und Ihre guten Ideen bringen Ihnen großen Gewinn, wenn Sie sie richtig umsetzen und sich auch durch Anfangsschwierigkeiten nicht abhalten lassen. Die nächsten Wochen werden Ihnen zeigen, daß sich Ihre Anstrengungen gelohnt haben.

NR. 8: ROT

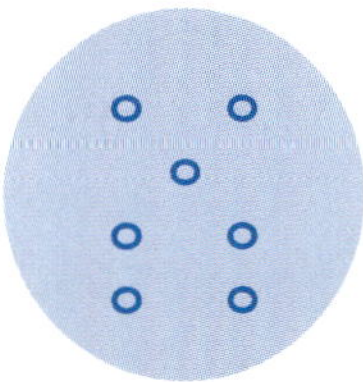

Eine der schlechtesten Figuren. Entweder Sie punktieren noch einmal oder probieren es an einem anderen Tag, um eine bessere Aussage zu erhalten. Sie müßten ansonsten mit Verlusten in fast allen Lebensbereichen rechnen. Wagen Sie in der nächsten Zeit nicht zuviel, scheuen Sie riskante Spekulationen, verleihen Sie keine großen Geldsummen und sagen Sie persönliche oder geschäftliche Einladungen ab. Hüten Sie sich vor technischen Geräten und verhalten Sie sich im Straßenverkehr ganz besonders passiv. Versuchen Sie, für anstehende Prozesse einen anderen Verhandlungstermin zu erreichen, einigen Sie sich mit Ihren Nachbarn, damit es keine langwierigen, nervenaufreibende Auseinandersetzungen gibt.

NR. 9: DAS VOLK

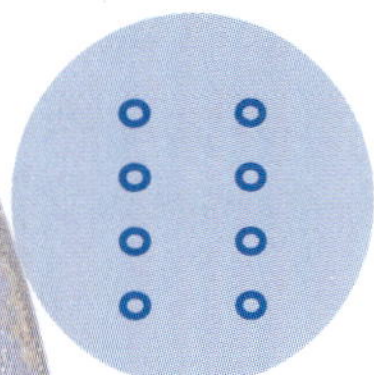

Glück ist auch, wenn man von Unglück oder Unbill verschont bleibt. Das sollte man sich bei Unzufriedenheit mit dem eigenen Schicksal immer wieder vor Augen halten. Unerwarteter Liebeskummer kann sich einstellen, Trennungen wird es jedoch nicht geben. Achten Sie auf Ihre Gesundheit und schonen Sie Ihre Kräfte. In den nächsten zwei Monaten werden sich nur wenige Ihrer Wünsche erfüllen. Vielleicht sollten Sie Ihre Wunschliste neu erstellen. Gönnen Sie sich öfters eine Besinnungspause, schalten Sie ab, entspannen Sie sich, Sie können davon nur profitieren. Gehen Sie Streitereien aus dem Wege, es würde Ihnen nichts bringen, sondern kann Ihnen nur schaden.

JE BESSER SIE SICH BEIM STRICHEMALEN AUF IHR PROBLEM ODER IHRE FRAGE KONZENTRIEREN, UM SO DEUTLICHER KANN DIE ANTWORT DES ORAKELS AUSFALLEN.

NR. 10: DER WEG

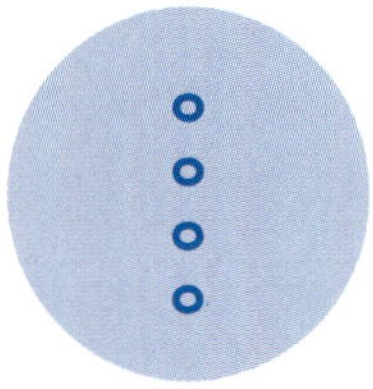

Überprüfen Sie Ihren bisherigen Lebensweg, denken Sie über neue, vielleicht realistischere Ziele nach. Lassen Sie sich von anderen nichts einreden. Nur Sie allein wissen, was für Sie richtig ist. Mit dem Partner kann es zu Unstimmigkeiten kommen. Haben Sie den Mut, auch eine persönliche Niederlage einzustecken. Unter Umständen kann Sie das vor falschen Entscheidungen bewahren. Nehmen Sie sich nicht alles so zu Herzen, es gibt immer einen Ausweg. Von einer Seereise ist abzuraten, ebenso von Wassersport. Unpäßlichkeiten sind nur vorübergehender Natur.

FÜR EINE AUSFÜHRLICHE BEFRAGUNG DES ORAKELS BRAUCHEN SIE RUHE UND VIEL ZEIT. SORGEN SIE DAFÜR, DASS SIE MINDESTENS EINE STUNDE NICHT GESTÖRT WERDEN.

NR. 11: DER DRACHENKOPF

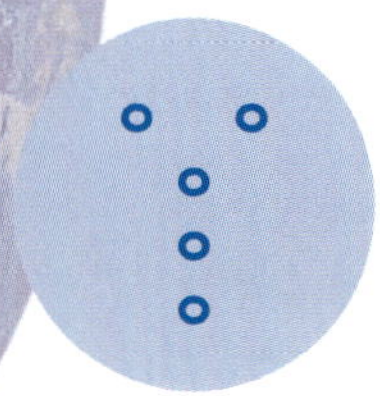

Sie beide streben in Ihrer Partnerschaft nach der Führung. Das bringt Konflikte mit sich. Eine Trennung ist nicht auszuschließen. Geben Sie auch einmal nach, Sie verlieren dadurch nichts. Im Gegenteil, könnte es doch Ihre Partnerschaft auf eine neue Basis stellen. Sie dürfen nur nicht ungeduldig sein, denn alles, was in Güte reifen soll, braucht Zeit. Im Beruf müssen Sie mit neuen Aufgaben rechnen und sehr viel Arbeit in Kauf nehmen. Es lohnt sich für Sie. Achten Sie auf Ihre Träume und nehmen Sie diese Eingebungen ernst.

NR. 12: DER DRACHENSCHWANZ

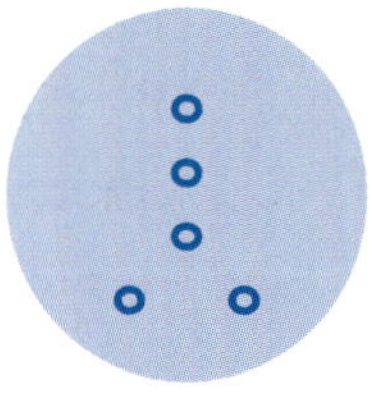

Der große Gewinner sind Sie im Augenblick nicht. Geben Sie dennoch angefangene Unternehmungen nicht zu rasch auf, sie lassen sich nicht mehr wiederholen. Gehen Sie nicht zu impulsiv vor, mit Geduld und Einfühlungsvermögen können Sie mehr erreichen. Geben Sie sich Ihren geschäftlichen Kontrahenten gegenüber als fairer Gegner. Man wird es Ihnen danken. Ihre körperliche Verfassung ist nicht die beste. Versuchen Sie wieder ins Gleichgewicht zu kommen. Das baut Ihre seelische Energie wieder auf.

NR. 13: DAS GROSSE GLÜCK

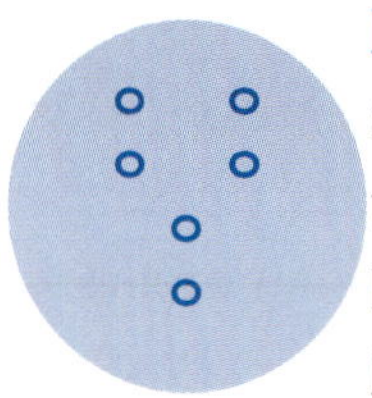

Sie haben eine große Glückssträhne, die Sie ausnutzen sollten. Der Gleichklang in Ihrer Partnerschaft gibt Ihnen viel Kraft. Waren Sie bisher ungebunden, könnte Ihnen jetzt der Mensch begegnen, nach dem Sie sich im Grunde Ihres Herzens gesehnt hatten. Geschäftliche Gewinne sind möglich, eine Erbschaft von einem entfernten Verwandten hilft Ihnen, finanzielle Engpässe zu überwinden. Sie sind sehr geschickt bei Geschäftsverhandlungen. Vergraben Sie sich aber nicht zu sehr in die Arbeit, gönnen Sie sich auch einmal Ruhe.

NR. 14: DAS KLEINE GLÜCK

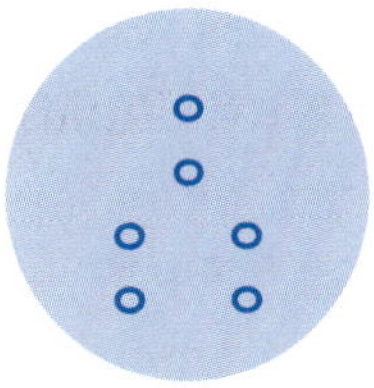

Diese Figur prophezeit Ihnen die Erbschaft oder die Schenkung eines Hauses. In der Liebe werden all Ihre Erwartungen erfüllt. Die nächsten Wochen zeigen Ihnen, daß sich Ihre Anstrengungen mehr als gelohnt haben. Rechnen Sie mit einer besonders guten Entwicklung, vor allem in bezug auf Karriere und geschäftliche Vorhaben. Erfolge stellen sich von selbst ein. Diese Phase hält etwa sechs Wochen an. Das müßte genügen, um Ihre Zukunft und die Ihrer Familie oder des Partners abzusichern. Ein Familienmitglied kümmert sich besonders liebevoll um Sie, weisen Sie es nicht ab.

NR. 15: DAS MÄDCHEN

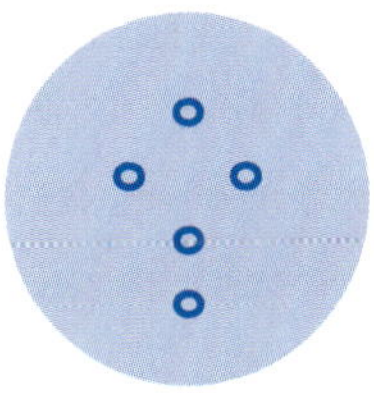

Sie müssen sich aktiv darum kümmern, daß Ihre Lage besser wird. Meiden Sie Menschen, die versuchen, Sie auszunutzen. Bleiben Sie aber gelassen. Gehen Sie keine neuen Verbindungen ein, sie würden Ihnen kein Glück bringen. Achten Sie auf Ihre Vorahnungen. Sie haben gute Gedanken und phantastische Einfälle, die auszubauen sich lohnen könnte. Sorgen Sie für viel Erholung und meiden Sie jede kräftezehrende Tätigkeit. Im Glücksspiel könnten Sie beachtliche Gewinne verbuchen, vorausgesetzt, Sie gehen unverkrampft vor.

AUCH DER BERÜHMTE NATURPHILOSOPH, ARZT UND OKKULTIST AGRIPPA VON NETTESHEIM (16. JAHRHUNDERT) BESCHÄFTIGTE SICH MIT GEOMANTIE.

NR. 16: DER JÜNGLING

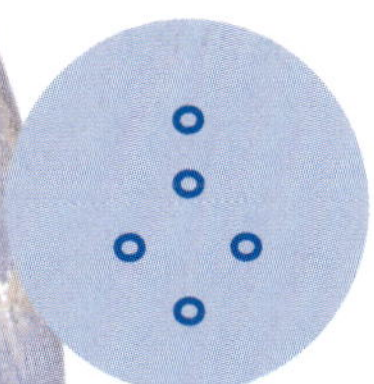

Durch besonnenes Verhalten können viele Anfechtungen abgewehrt werden. Dabei helfen Ihnen erfreuliche Zufälle. Sie entdecken an Ihrem Partner neue Seiten, was Ihrer Liebe Auftrieb gibt. Sie können sich jetzt auf ein Ziel konzentrieren und sich um die Verbesserung Ihrer Verhältnisse bemühen. Werden Sie nicht unruhig, wenn sich nicht sofort große Erfolge einstellen. Alles, was Ihnen vom Schicksal zugeteilt worden ist, werden Sie erhalten. Sie müssen es nur annehmen und richtig verwalten.

DAS KAFFEESATZ- UND

Das einst auf Jahrmärkten und Volksfesten so beliebte Wahrsagen aus dem Kaffeesatz oder aus Teeblättern wurde ursprünglich von Zigeunern aus Indien mitgebracht und verbreitete sich schnell über ganz Europa und Nordafrika.

Heute ist diese Form des Orakels in unseren Breiten mehr und mehr in Vergessenheit geraten. Nur noch wenige Menschen wissen die Zeichen zu deuten, die Kaffeesatz und Teeblätter hinterlassen. Schuld an dieser Entwicklung sind nicht zuletzt moderne technische Errungenschaften wie die Kaffeemaschine. Denn in vielen orientalischen Ländern, in denen der Kaffee nicht gefiltert wird und als Satz in den Tassenböden zurückbleibt, erfreut sich die Weissagung aus Kaffeerückständen oder aus gekochten Teeblättern nach wie vor großer Beliebtheit.

Das Lesen aus dem Kaffeesatz oder das Wahrsagen aus den Teeblättern ist sehr einfach. Am besten geeignet sind fein gemahlener türkischer Mokka oder italienischer Espresso. Für das Teeblätterorakel benötigen Sie lose Teeblätter.
Tee aus einem Teebeutel ist nicht geeignet, da bei einer solchen Zubereitung keine Bilder entstehen, aus denen Sie Ihre Zukunft deuten können. Beide Orakel sind im Grunde genommen gleich, es kommt dabei nur darauf an, welches der beiden Getränke Sie vorziehen.

DIE BILDER, DIE SIE IM KAFFEESATZ ERKENNEN KÖNNEN, WERDEN NICHT IMMER DEN IM TEXT BESPROCHENEN SYMBOLEN ENTSPRECHEN. ÜBERLASSEN SIE ES IHRER INTUITION, WELCHE SCHLÜSSE SIE FÜR SICH AUS DIESEN BILDERN ZIEHEN.

SIE BENÖTIGEN FOLGENDE HILFSMITTEL:

- türkischen Mokka oder italienischen Espresso
- eine weiße Porzellantasse und einen Unterteller
- heißes Wasser

TEEBLÄTTERORAKEL

ZUBEREITUNG VON KAFFEESATZ

Geben Sie drei gehäufte Eßlöffel Kaffee in eine normale Tasse. Gießen Sie heißes Wasser darauf und lassen Sie den Aufguß etwa fünf Minuten ruhig stehen. Wenn der Kaffee sich gesetzt hat, trinken Sie ihn entweder in kleinen Schlucken vorsichtig aus oder Sie gießen die Flüssigkeit ganz langsam weg. Dabei muß der Bodensatz erhalten bleiben.

Decken Sie die Tassenöffnung mit dem Unterteller ab, so daß die Oberfläche des Tellers zum Tasseninneren weist. Nun stülpen Sie Tasse und Teller unter kräftigem Schütteln um. Dabei fließt der Kaffeesatz aus der Tasse auf den Unterteller. Die noch im Kaffeesatz verbliebene Flüssigkeit läßt man ablaufen.

Hat sich der Kaffeesatz auf der Untertasse verteilt, wird ein Muster sichtbar. Ein zweites Muster bleibt in dem in der Kaffeetasse verbliebenen Kaffeesatz zurück. Je nachdem, ob Sie die Gegenwart oder die Zukunft befragen möchten, entscheiden Sie sich für eine der beiden Varianten. Lassen Sie dann Unterteller oder Tasse so lange ruhig stehen, bis der Kaffeesatz fest angetrocknet ist.

DER KAFFEE- BZW. TEESATZ IN DER TASSE MACHT EINE AUSSAGE ÜBER DIE GEGENWART, DER SATZ IN DER UNTERTASSE BEZIEHT SICH AUF ZUKÜNFTIGE EREIGNISSE.

WAS DIE SYMBOLE BEDEUTEN

Wenn Sie den Kaffeesatz nun betrachten, ist es wichtig, die entstandenen Symbole erst einmal in aller Ruhe auf sich wirken zu lassen. Nehmen Sie sich dazu ausreichend Zeit und lassen Sie Ihrer Phantasie freien Lauf. Prüfen Sie die Gefühle und Gedanken, die die Bilder in Ihnen auslösen, bevor Sie das Muster zuordnen.

Schreiben Sie alle Begriffe, Ideen und Assoziationen nieder, die sich Ihnen bei der Betrachtung der Symbole und Bilder aufdrängen oder die Ihnen in den Sinn kommen.

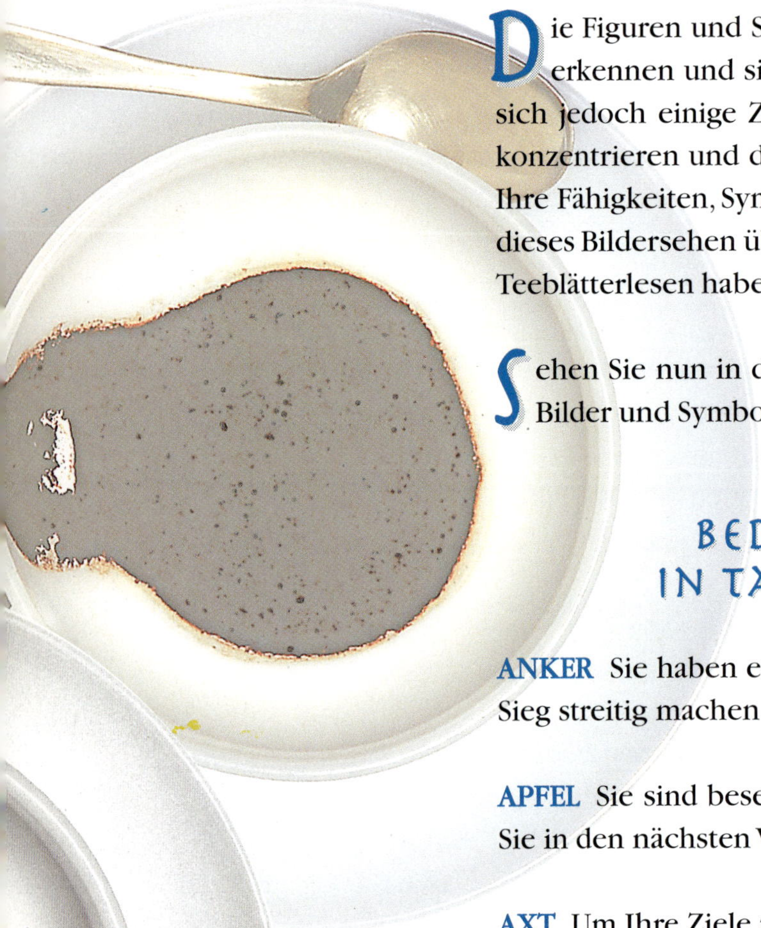

Die Figuren und Symbole lassen sich nicht immer auf den ersten Blick erkennen und sind manchmal nicht sehr exakt ausgebildet. Wenn Sie sich jedoch einige Zeit auf die Formen in der Tasse oder der Untertasse konzentrieren und dabei Ihren Gedanken freien Lauf lassen, werden sich Ihre Fähigkeiten, Symbole zu erkennen, deutlich steigern. Je intensiver Sie dieses Bildersehen üben, desto mehr Erfolg werden Sie im Kaffeesatz- oder Teeblätterlesen haben.

Sehen Sie nun in der folgenden Auflistung nach, welche Bedeutung die Bilder und Symbole haben können.

BEDEUTUNG DER BILDER IN TASSE ODER UNTERTASSE

ANKER Sie haben es geschafft. Es wird nichts passieren, was Ihnen Ihren Sieg streitig machen könnte.

APFEL Sie sind beseelt von großer innerer Kraft und Stärke. Nichts kann Sie in den nächsten Wochen erschüttern.

AXT Um Ihre Ziele zu erreichen, müssen Sie gewaltig an sich arbeiten.

BAUM Ein lang gehegter Wunsch wird sich Ihnen erfüllen.

BERG Nach einer kleinen Talfahrt geht es wieder aufwärts.

BLUMEN Blühen sie, wird ein Freund fest zu Ihnen halten. Sind sie dagegen welk, wird eine Freundschaft zerbrechen.

BUCH Ihre Bemühungen werden Früchte tragen.

FISCH Ein glückbringendes Ereignis wird stattfinden. Sie werden bald zu Geld kommen.

FRAU Gehen Sie mehr auf die Wünsche Ihres Partners ein.

HERZ Erscheint es klar, bedeutet es Glück und eine gesicherte Zukunft. Zwei Herzen zeigen eine baldige Verlobung oder Heirat an.

JE MEHR SIE SICH IHRER INNEREN STIMME ÜBERLASSEN, DESTO AUFSCHLUSSREICHER WERDEN DIE SYMBOLE FÜR SIE SEIN.

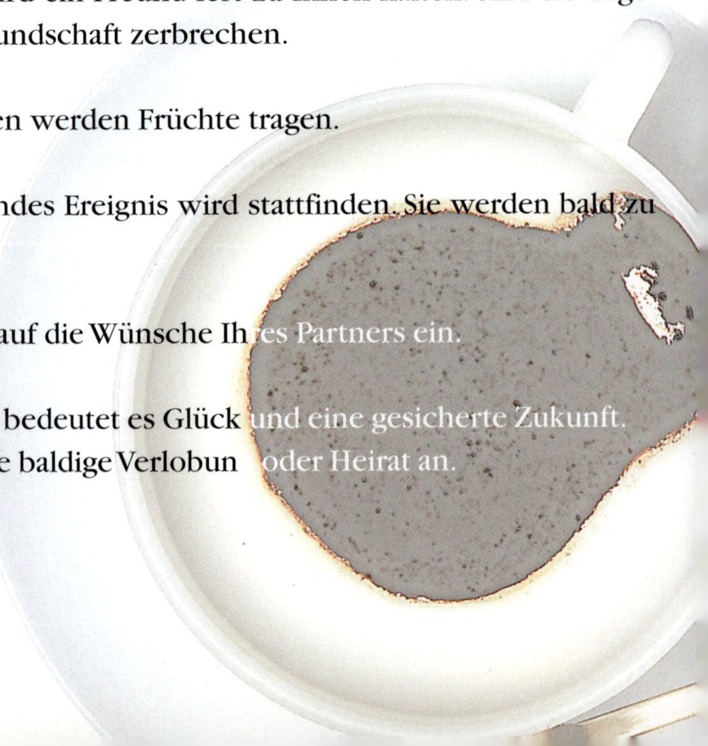

KRANZ Ein von Ihnen seit langer Zeit intensiv gehegter Wunsch wird leider nicht in Erfüllung gehen.

KREIS Überdenken Sie Ihre Einstellung und üben Sie mehr Zurückhaltung. Mehrere Kreise: Alles, was Sie anfangen, wird Ihnen gelingen.

KREUZ Kummervolle Tage kommen auf Sie zu.
Mehrere Kreuze: Verstricken Sie sich nicht in Kleinigkeiten.

LAMPE Ihr Fleiß und Ihr Einsatz werden endlich belohnt.

LINIEN, MEHRERE In den nächsten Wochen werden Sie es nicht leicht haben. Kopf hoch, es kommt auch wieder anders.

LÖWE Der wohlverdiente Wohlstand kommt auf Sie zu.

MANN Finanzielle Transaktionen nehmen einen glücklichen Ausgang. Mehrere Männer: Gute Aussichten im Beruf.

MAUS Das Nagetier deutet auf einen Diebstahl oder Betrug in Ihrer näheren Umgebung hin.

MESSER Jemand führt Böses gegen Sie im Schilde. Sie müssen mit einem harten, kräftezehrenden Kampf rechnen.

MÜNZE Ein Geschäft verspricht einen guten Gewinn.

PUNKT Sie werden eine schmerzliche Entscheidung treffen müssen.

PYRAMIDE Ihr Aufstieg erfolgt langsam, aber sicher.

QUADRAT Sie müssen sich von überholten Vorstellungen lösen und nach neuen Zielen Ausschau halten.

RAD Geben Sie sich einen Ruck, und treffen Sie endlich eine Entscheidung. Andernfalls werden Sie auf der Stelle stehenbleiben.

RECHTECK Warum schauen Sie immer nach den Früchten im Garten Ihres Nachbarn?

JE NÄHER EIN ZEICHEN AM RANDE DES UNTERTELLERS STEHT, DESTO SCHNELLER WIRD DAS VORHERGESAGTE EREIGNIS EINTRETEN. JE WEITER ES SICH IN DER MITTE BEFINDET, DESTO LÄNGER WIRD DIE VERWIRKLICHUNG IHRER WÜNSCHE DAUERN.

REH Erwarten Sie von einem Menschen nicht zuviel.

RING Der Partner steht zu Ihnen – in jeder Beziehung.

ROSE Wenn Sie schreiben, malen, dichten oder komponieren, werden Sie in wenigen Wochen eine positive Antwort erhalten.

SARG Sie haben von einer bestimmten Sache Abschied genommen.

SCHIFF Träumen Sie nicht von fernen Ufern, sondern nehmen Sie an, was Ihnen das Leben Tag für Tag beschert.

SCHLANGE Ein Feind wird sich erst nach längerer Zeit zu erkennen geben. Seien Sie wachsam – auch gegenüber vertrauten Menschen.

SCHLÜSSEL Halten Sie sich für einige Zeit mit Aktivitäten zurück. Dann wird sich alles zu Ihren Gunsten wandeln.

BEI DIESER ART DES ORAKELS SIND EIGENE KREATIVITÄT UND INTUITION GEFRAGT. IHR UNTERBEWUSSTSEIN WIRD IHNEN DABEI HELFEN.

SENSE Gefahr für Leib und Seele ist im Verzug. In der Liebe wird es Enttäuschungen geben, die Sie in Ruhe verarbeiten sollten.

SONNE Wenn Sie jetzt über Ihren Schatten springen, wird Sie großes Glück bei allen Unternehmungen begleiten.

STAB Sie haben zu hoch gepokert und werden dafür bald die Rechnung präsentiert bekommen.

STERNE Wenn Sie das Schicksal annehmen, das für Sie bestimmt ist, werden sich Ihre Wünsche erfüllen.

TURM Bleiben Sie sich treu, dann erreichen Sie alles, was Sie sich erhoffen.

VÖGEL Ihre Ängste sind unbegründet. Das trifft vor allem auf Ihre Geldsorgen zu.

WEINTRAUBEN Gute Dinge liegen in Zukunft für Sie bereit.

WOLKEN Helle Wolken stehen für beruflichen Erfolg, dunkle für eine Änderung der Lebensweise.

WÜRMER Ein Freund, von dem Sie viel halten und dem Sie vertrauen, spielt falsch. Versuchen Sie, Ihre große Enttäuschung zu bewältigen – auf andere Freunde können Sie sich verlassen.

ZÄHNE Weichen Sie vor Schwierigkeiten nicht zurück. In wenigen Tagen wird sich alles zum Guten wenden.

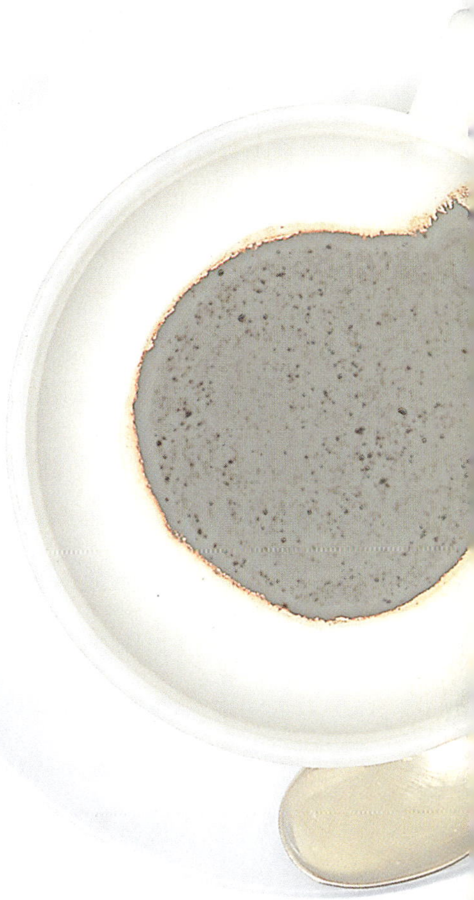

BEDEUTUNG VON BILDERN, DIE NUR IN DER TASSE ZU SEHEN SIND

HAUS Am oberen Tassenrand: Der Erfolg ist Ihnen bei allen zukünftigen Unternehmen sicher.
In der Mitte oder am Tassenboden: Vorsicht vor falschen Freunden.

HUND Am oberen Tassenrand: Der Partner bleibt Ihnen treu – sorgen Sie sich daher nicht um die Zukunft.
Am Tassenboden: Behalten Sie Ihre Pläne für sich.

KIND Am oberen Tassenrand: Eine gerade erst begonnene Liebelei sollten Sie nicht zu ernst nehmen, Ihr Partner tut es auch nicht.
Am Tassenboden: Eine Zusage wird sich als Windei entpuppen.

KLEEBLATT Am oberen Tassenrand: Ein glückliches Omen. Sie haben Erfolg und können sich einer guten Gesundheit erfreuen. Ist das Kleeblatt sehr klar zu erkennen, bedeutet es ungetrübtes Glück.
Am Tassenboden: Sie müssen mit einigen Veränderungen rechnen.

KRONE Am oberen Tassenrand: Ein Symbol für Erfolg und Triumph, vor allem auf dem beruflichen Lebensweg.
Am Tassenboden: Ihre Träume erfüllen sich nicht.

LILIE Am oberen Tassenrand: Ihr Partner ist treu und verläßlich. Sind Sie Single, werden Sie bald einen interessanten Menschen kennenlernen.
Am Tassenboden: Sie haben ein langes, glückliches Leben vor sich.

MOND Am oberen Tassenrand: Große Ehre und ansehnliche Gewinne werden Ihnen das Leben versüßen.
Am Tassenboden: Ein glückliches Leben ist Ihnen beschert.

DIE ANTWORTEN DES KAFFEESATZ- UND TEE-BLÄTTERORAKELS GEBEN IHNEN HINWEISE AUF IHRE WEITERE LEBENS-FÜHRUNG.

DIE MAGIE

Einer alten Legende zufolge gab es vor langer Zeit im Reich des Kalifen Harun al Raschid einen Geheimbund von weisen Männern. Als sie den Tod nahen fühlten, setzten sie ihr gesammeltes Wissen in Bilder um und verschlüsselten es. Dieses Wissen sollte an die Menschen weitergegeben werden, die sensibel genug waren, mit den Bildsymbolen richtig umzugehen. Man nannte die Bilder »Tarot«.

DER BEGRIFF »ARKANA« KOMMT AUS DEM LATEINISCHEN »ARCANUM«. WÖRTLICH ÜBERSETZT BEDEUTET DIES »GEHEIMNIS«.

Das klassische Tarot enthält 78 Karten, 22 Karten bilden die Großen Arkana, die restlichen 56 die Kleinen. Für die Deutung der Zukunft werden im allgemeinen die 22 Karten der Großen Arkana benutzt.

DIE BEFRAGUNG DES TAROT

Das Tarot gibt uns sehr intelligente Antworten, wenn wir präzise Fragen stellen. Sie dürfen keine Allgemeinplätze enthalten, weil sonst die Aussage zu abstrakt bleibt und für eine Deutung nicht geeignet ist.

Sie mischen die Karten und legen sie nach einem der abgebildeten Muster aus. Konzentrieren Sie sich dabei auf Ihre Frage. Achten Sie besonders darauf, ob die gezogene Karte aufrecht liegt oder auf dem Kopf steht. Betrachten Sie die Bilder ganz unvoreingenommen und lassen Sie sie auf sich wirken.

DAS DREI-KARTEN-TAROT

Legen Sie drei Karten nebeneinander aus. Die erste wird in der Mitte plaziert und symbolisiert die Gegenwart. Die zweite legen Sie links ab, sie läßt die Vergangenheit erkennen. Die dritte Karte legen Sie rechts neben die erste, sie gibt Auskunft über die Zukunft und über Geschehnisse, die noch nicht berücksichtigt wurden. Die Bedeutung der Karten finden Sie auf der nächsten Seite.

DES TAROT

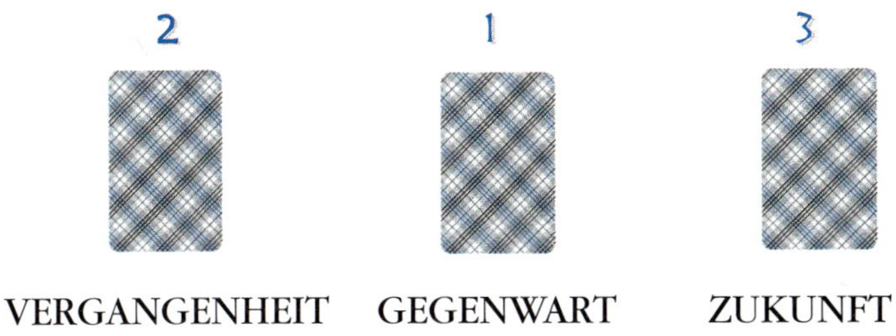

DAS FÜNF-KARTEN-TAROT

Im Fünf-Karten-Tarot legen Sie die erste Karte, die Sie ziehen, auf der linken Seite ab. Sie gibt Ihnen Aufschluß über Ihre derzeitige Situation und sagt Ihnen, welche positiven Aspekte sich aus Ihren aktuellen Lebensumständen für Sie ergeben.

Als Gegenpol dazu drückt die zweite Karte aus, was gegen die jetzige Situation spricht. Was beeinflußt Sie negativ? Diese Karte legen Sie auf der rechten Seite ab.

Mit der dritten Karte wenden Sie sich dem Grund zu, aus dem Sie die Karten befragen. Sie stellt den entscheidenden Faktor dar. Ist es eine negative

DIE KARTEN KÖNNEN AUF VERSCHIEDENE ART UND WEISE AUSGELEGT WERDEN. WER SEHR SCHNELL ETWAS ÜBER SEIN SCHICKSAL, SEINEN INNEREN ZUSTAND ODER ÜBER SEINE PARTNERSCHAFT ERFAHREN MÖCHTE, WÄHLT AM BESTEN DAS SPIEL MIT DREI KARTEN.

KONZENTRIEREN SIE SICH AUF DAS PROBLEM, DAS SIE MIT HILFE DES TAROT LÖSEN WOLLEN, ABER BLEIBEN SIE DENNOCH RUHIG UND ENTSPANNT.

Karte, wird Ihr Vorhaben nicht gelingen. Ist sie positiv, kann und wird sich alles erfüllen. Legen Sie die Karte oben ab.
Wenn Sie sich noch nicht ganz im klaren darüber sind, wie Sie vorgehen sollen, zeigt Ihnen die vierte Karte den Weg zur Lösung Ihres Problems auf. Sie rät oder empfiehlt Ihnen eine bestimmte Vorgehensweise. Diese Karte legen Sie unten ab.
Die fünfte Karte, die Sie ziehen, zeigt, wie Ihr gesamtes Vorhaben ausgehen wird. Sie wird in der Mitte der anderen Karten plaziert und vervollständigt das Fünf-Karten-Tarot.

DAS SIEBEN-KARTEN-TAROT

Das Sieben-Karten-Tarot gibt Antwort auf persönliche Probleme, bei deren Lösung Sie sich schon länger im Kreis drehen. Die Karten werden von links oben über die Mitte unten nach rechts oben ausgelegt.

Die erste Karte gibt Auskunft über Geschehnisse aus der Vergangenheit, die zur jetzigen Situation geführt haben, aber im Begriff sind, zu Ende zu gehen. Die zweite Karte betrifft die Gegenwart. Machen Sie sich klar, worin Ihr Problem genau besteht. Daß Sie mit einem Bein schon in der Zukunft stehen, zeigt die dritte Karte. Eine Veränderung hat begonnen. Die vierte Karte gibt Antwort darauf, was Sie tun können, um in dieser Frage weiterzukommen. Ob Ihr persönliches Umfeld einen positiven Einfluß auf Ihr Vorhaben hat oder Sie mit negativen Energien eher am Vorwärtskommen hindert, sagt Ihnen die fünfte Karte. Möglicherweise stellen sich Ihnen auch noch andere Hindernisse in den Weg. Auskunft darüber gibt die sechste Karte. Die siebte Karte macht eine Vorhersage über den Ausgang Ihres Vorhabens.

DIE 22 GROSSEN ARKANA

0. DER NARR

Richtig: Sie gehen sorglos durchs Leben. Doch bedenken Sie: Es ist beileibe kein Spiel. Es bedarf jeden Tag eines großen Einsatzes und enormer Anstrengungen. Andererseits tut es manchmal wirklich gut, nicht alles so ernst zu sehen und die Leine ein wenig locker zu lassen. Das hindert Sie nicht daran, gute Ideen zu entwickeln und diese auch in die Tat umzusetzen. Bewundernswert ist die Leichtigkeit, mit der Sie Probleme angehen und bewältigen; besonders, wenn Sie es dann auch noch schaffen, andere Menschen mitzureißen.

Kopfüber: Sie sind eitel und eingebildet, obwohl Sie wenig vorzuweisen haben. Sie preschen zu ungestüm vor und handeln, ohne nach dem Sinn zu fragen. Machen Sie anderen nichts vor, es wäre nicht zu Ihrem Besten. Nehmen Sie das Leben ernster, sonst wird es sich an Ihnen rächen.

Persönliche Aussage: Wenn Sie mit dem notwendigen Ernst an die Ihnen vom Leben aufgetragenen Aufgaben herangehen, sich aber von Ihnen nicht »erdrücken« lassen, wird Ihnen viel gelingen.

DIE TAROTKARTEN BERGEN GROSSES GEHEIMES WISSEN IN VERSCHLÜSSELTER FORM. DABEI IST NICHT NUR DAS JEWEILIGE SYMBOL WICHTIG, SONDERN AUCH DIE RICHTUNG, IN DER ES SICHTBAR WIRD: RICHTIG HERUM ODER AUF DEM KOPF STEHEND.

I. DER MAGIER

Richtig: Sie sind der Schöpfer Ihres eigenen Universums und werden viel erreichen, wenn Sie sich fest auf Ihre Ziele konzentrieren. Sie sprühen vor Ideen, sind willensstark und durchsetzungsfähig. Ihre reiche Phantasie, Ihre Talente und Fähigkeiten können Ihnen zum Erfolg verhelfen. Setzen Sie Ihre Klugheit ein und trotzen Sie allen Widerständen. Wenn Sie in diesen Tagen ein Geschäft vorhaben, wird es viel Gewinn abwerfen.

Kopfüber: Belassen Sie es nicht nur beim Pläneschmieden. Setzen Sie sie in die Tat um. Es hilft Ihnen wenig, große Reden zu schwingen. Handeln Sie, dann erkennen Sie, ob sich Ihre Vorhaben verwirklichen lassen. Geben Sie sich keinen Illusionen hin, das wäre eine Selbsttäuschung.

Persönliche Aussage: Sie haben die Kraft und die Fähigkeit, die Aufgaben, die Sie sich selbst stellen, auch bewältigen zu können. In Ihnen schlummern größere Kräfte, als Ihnen selbst bewußt ist.

II. DIE HOHEPRIESTERIN

Richtig: Ihr großes Einfühlungvermögen läßt Sie sofort erkennen, wer es gut mit Ihnen meint und wer Ihnen schaden möchte. Sie lassen sich so leicht nichts vormachen und erkennen gleich, wo Sie ansetzen müssen, um mögliche Schwierigkeiten erst gar nicht entstehen zu lassen. Wer Ihnen vertraut, kann sich auf Sie verlassen. Ihre uneigennützige Hilfsbereitschaft und aufrichtige Herzlichkeit hat Ihnen schon viele Freunde zugeführt. Was immer Sie tun oder beginnen, ist vom Glück begünstigt.

Kopfüber: Sie scheuen sich, anderen Menschen gegenüber offen zu sein. Sie fürchten, damit Ihre Seele bloßzulegen und angreifbar zu werden. Ersparen Sie sich Ihre Arroganz, bleiben Sie ganz natürlich. Wenn Sie etwas nicht wissen, schweigen Sie besser. Dadurch geben Sie anderen keine Angriffsflächen und ersparen sich so manchen Streit.

Persönliche Aussage: Sie haben die Kraft, alle Dinge zu einem guten Ende zu bringen. Sie müssen nur Ihren Verstand benutzen und Ihrer Intuition folgen.

III. DIE HERRSCHERIN

Richtig: Ihre Liebe und Zuneigung gehört dem Partner und der Familie. Das gibt Ihnen viel Kraft und Stärke für alles, was Sie tun oder vorhaben. Es fällt Ihnen leicht, geschäftliche Verhandlungen zu führen, komplizierte Zusammenhänge zu durchschauen, Menschen für sich zu gewinnen. Selbstsicher nehmen Sie die größten Herausforderungen an und schrecken vor keiner Schwierigkeit zurück. Ihre Standhaftigkeit wird von vielen Ihrer Freunde und Kollegen bewundert. Man beneidet Sie um die souveräne Art, mit der Sie Ihr Leben bewältigen.

Kopfüber: Setzen Sie durch waghalsige Spekulationen nicht alles aufs Spiel und gehen Sie die Dinge nicht zu halbherzig an. Entwickeln Sie mehr Interesse für das, was Sie tun. Vermeiden Sie Winkelzüge jeglicher Art, sprechen Sie offen aus, was Sie denken und fühlen. Sie müssen berechenbar bleiben, sonst rechnet man nicht mehr mit Ihnen.

Persönliche Aussage: Sie gehen einer guten Zukunft entgegen und bleiben von schweren Schicksalsschlägen verschont. Was Sie auch anpacken, wird Ihnen gelingen.

FÜHREN SIE DIE BEFRAGUNG DER KARTEN NICHT MEHR ALS EINMAL AM TAG DURCH, SONST IST IHR UNTERBEWUSSTSEIN VERWIRRT UND GIBT IHNEN MÖGLICHERWEISE FALSCHE ODER ÜBERHAUPT KEINE ANTWORTEN.

IV. DER HERRSCHER

Richtig: Was Sie träumen, erleben Sie. All das können Sie auch in die Tat umsetzen. Sie streben nach Erfolg und Anerkennung und scheuen keinerlei Anstrengung, um Ihre Ziele zu erreichen. Ihr ausgeprägter Machtwille fördert und unterstützt Ihre Leistungsbereitschaft. Dank Ihrer natürlichen Autorität folgt man Ihnen willig und ist bereit, sich für Sie einzusetzen. Ihr Tatendrang reißt alle mit. Herausforderungen jeder Art sind Ihnen immer willkommen. Sollte es keine geben, schaffen Sie sich welche. Untätigkeit ist Ihnen ein Greuel.

Kopfüber: Ihre Ungeduld hat Ihnen schon viel Ärger eingebracht. Sie müssen lernen, Ihre Emotionen zu beherrschen und nicht immer so aufbrausend zu sein. Nehmen Sie mehr Rücksicht auf Ihre Mitmenschen und versuchen Sie nicht immer um jeden Preis, Ihren Kopf durchzusetzen.

Persönliche Aussage: Ihr Durchsetzungswille ist sehr groß. Ihr unermüdlicher Einsatz wird durch große Erfolge belohnt werden. Im Beruf erfahren Sie große Anerkennung.

LEGEN SIE ZUNÄCHST DAS BILD MIT VERDECKTEN KARTEN AUS UND DREHEN SIE DIE KARTEN ERST DANN IN DER ANGEGEBENEN REIHENFOLGE UM.

V. DER HIEROPHANT

Richtig: Überprüfen Sie von Zeit zu Zeit Ihren Standort im Leben. Erkennen Sie, daß es eine innere Wahrheit gibt, die Ihnen helfen kann, Illusionen als solche wahrzunehmen und ihnen nicht zu verfallen. Bitten Sie Ihr Unterbewußtsein um den richtigen Weg. Glauben Sie an sich selbst und daran, daß Sie einzigartig sind. Dann wird Ihnen alles zufließen, was Sie sich ersehnen. Nicht jeder Wunsch wird sich erfüllen, aber das dient nur zu Ihrem Besten. Vertrauen Sie darauf, daß Sie von Ihren seelischen Kräften geleitet werden. Dann begegnen Ihnen die Menschen, die Ihre Weiterentwicklung fördern werden.

Kopfüber: Wenn Sie sich nicht so akzeptieren, wie Sie sind, wird es auch kein anderer tun. Jede Anstrengung, etwas verändern zu wollen, wäre in diesem Fall vergeblich. Stemmen Sie sich nicht gegen das Schicksal an, sondern nehmen Sie an, was es für Sie bereithält.

Persönliche Aussage: Neue Erkenntnisse und Einsichten tun sich auf. Eine spontane Idee erweist sich als richtig. Ohne Ihr Zutun erreichen Sie das, was in Ihren Vorstellungen längst Gestalt angenommen hat.

VI. DIE LIEBENDEN

Richtig: Sie haben eine Karte erhalten, die Ihnen in Ihrer Partnerschaft viel Glück und eine harmonische Zeit verspricht. Eine neue Liebe kann entstehen. Sie verstehen es, Ihren Gefühlen Ausdruck zu geben und dem Partner Geborgenheit zu vermitteln. Menschen kommen Ihnen entgegen, die sich bisher sehr distanziert verhielten. Es scheint, daß die Welt Ihnen zu Füßen liegt. Was Ihnen auch begegnet, es wird nicht zu Ihrem Schaden sein. Sie werden in nächster Zeit wichtige persönliche Entscheidungen treffen müssen.

EBENSO WIE BEI DER TRAUMDEUTUNG IST AUCH FÜR DIE BEFRAGUNG DER TAROTKARTEN ZU EMPFEHLEN, EIN NOTIZBUCH ANZULEGEN UND ALLE ERGEBNISSE SCHRIFTLICH FESTZUHALTEN. ES WIRD IHNEN HELFEN, IHRE PERSÖNLICHE ENTWICKLUNG ZU VERFOLGEN.

Kopfüber: In Ihrer Partnerschaft kriselt es. Sie haben den Bogen überspannt. Es kann zur Trennung kommen, vielleicht sogar zur Scheidung. Das alles haben Sie nur sich selbst zuzuschreiben. Ein Mensch kann nicht immer nur geben, er möchte auch etwas bekommen: nämlich Zuneigung, Aufmerksamkeit und Achtung.

Persönliche Aussage: Unterdrücken Sie Ihre Gefühle nicht, gestehen Sie dem Partner auch Ihre Schwächen ein. Das macht Sie nur um so liebenswerter. Sie werden sehr geliebt.

VII. DER WAGEN

Richtig: Sie stehen vor einem Aufbruch, vor einem Neubeginn. Sie haben den richtigen Weg eingeschlagen. Sie können jetzt über Ihre Feinde triumphieren, denn Ihr Mut und Ihre Risikobereitschaft haben sich ausgezahlt. Ihren Erfolg verdanken Sie ganz allein Ihrer Willensstärke und Ihrer Beharrlichkeit. Sie kommen stetig voran, nichts kann Sie mehr aufhalten, wenn Sie Ihre Gefühle und Gedanken immer wieder kontrollieren und in der Gewalt haben.

Kopfüber: Vermeiden Sie langwierige Auseinandersetzungen. Sie würden auf der Strecke bleiben. In der Familie oder Partnerschaft wird es Auseinandersetzungen oder sogar getrennte Wege geben. Wenn Sie sich weiterhin so unnachgiebig verhalten, steht Ihnen ein Prozeß ins Haus. Ihre Chancen, ihn zu gewinnen, sind nicht sehr günstig.

Persönliche Aussage: Sie kommen gut voran. Beruflich haben Sie alle Möglichkeiten, Ihre derzeitige Position zu verbessern. Lassen Sie das Gefühl über den Verstand nicht die Oberhand gewinnen.

VIII. DIE KRAFT

Richtig: Ihre Tatkraft und Ihre Energie helfen Ihnen, viele Ihrer Ziele zu erreichen, sollten die Hindernisse auch noch so unüberwindlich erscheinen. Auch wenn es noch so aussichtslos sein sollte, Sie finden immer einen Ausweg. In Ihnen schlummern große Kräfte, die Ihnen zugute kommen, wenn Sie sich auf sie besinnen und sie zu Hilfe rufen. Ihre Stärke ergibt sich aus dem Einklang von Verstand und Intuition. Ihre Mitmenschen vertrauen Ihnen voll und ganz, der Partner steht jederzeit zu Ihnen und zu allem, was Sie tun.

Kopfüber: Sie glauben zu sehr an sich selbst und betrachten Ihr Leben als einen übermächtigen Feind, den es mit allen Mitteln zu bekämpfen gilt. Sie überschätzen sich selbst und sollten sich ein wenig mehr in Demut üben. Wenn Sie zuviel Energie vergeuden, beginnen Sie zu resignieren.

Persönliche Aussage: Niederlagen verkraften Sie leicht. Sie schütteln sie locker ab und gehen einfach wieder eine neue Aufgabe an. Ihre natürliche Lebensfreude läßt dabei keine Zweifel in Ihnen aufkommen.

EINE TAROTKARTE KANN SICH ENTWEDER AUF SIE SELBST BEZIEHEN ODER AUF EINE PERSON, FÜR DIE SIE DAS TAROT BEFRAGEN. SIE GIBT EBENSO AUSKUNFT ÜBER DIE GEGENWÄRTIGE SITUATION WIE ÜBER EINE VERGANGENE ODER ZUKÜNFTIGE ENTWICKLUNG.

IX. DER EREMIT

Richtig: Was Sie suchen, finden Sie nicht im lauten Weltgetriebe. Zu viele Eindrücke sind in der letzten Zeit auf Sie eingestürzt, mit denen Sie nicht fertig geworden sind. Verzichten Sie einige Zeit auf oberflächliche Vergnügungen und ziehen Sie sich zurück. Genießen Sie Ihr Heim, entdecken Sie für sich die Kraftquelle des Alleinseins, mit oder ohne Partner. Überprüfen Sie Ihre bisherigen Ziele und versuchen Sie, Ihre eigene Mitte zu finden. Sie haben zur Zeit viele Fragen, doch auf deren Beantwortung müssen Sie noch warten.

Kopfüber: Sie klammern sich zu sehr an unwichtige Dinge. Das trübt Ihren Blick für das Wesentliche. Durch übertriebene Vorsicht kommen Sie nicht weiter. Im Gegenteil, Sie bleiben auf der Stelle stehen und haben dadurch das Nachsehen. Lehnen Sie die Hilfe eines wohlwollenden Menschen auf keinen Fall ab.

Persönliche Aussage: Der Rückzug in Ihren innersten Wesenskern ist keine Absage an die Welt. Er hilft Ihnen nur dabei, sich neu zu orientieren und Ihrer Zukunft gelassener entgegenzusehen.

X. RAD DES SCHICKSALS

Richtig: Vieles wird sich demnächst einschneidend für Sie ändern. Sie lernen eine neue Liebe kennen, heiraten oder trennen sich von einem geliebten Menschen, verlieren Ihre Arbeit oder werden in eine neue Position berufen. Dem müssen Sie Rechnung tragen, denn im Leben ist nichts konstant. Grämen Sie sich nicht über Dinge, die Sie nicht ändern können, begehren Sie nicht sinnlos dagegen auf. Wer nur das Positive haben und das Negative vermeiden will, wird immer wieder scheitern. Bejahen Sie das Schicksal, dann wird es Ihr Freund.

Kopfüber: Für das, was Ihnen das Schicksal Ihrer Meinung nach versagt hat, gibt es Ihnen etwas anderes. Sie können mit zunehmenden Erfolgen auf vielen Gebieten Ihres Lebens rechnen. Sie müssen sich aber immer vergegenwärtigen, daß Sie auf nichts einen Anspruch erheben können, sondern das annehmen müssen, was auf Sie zukommt.

Persönliche Aussage: Das Rad des Schicksals symbolisiert das ständige Auf und Ab des Lebens, den permanenten Wechsel von Glück und Unglück, Gut und Böse, Stark und Schwach, Überfluß und Mangel.

XI. GERECHTIGKEIT

Richtig: Für alles, was man tut, muß man im Leben Rechenschaft ablegen. Alle Schuld rächt sich auf Erden. Ziehen Sie bei allem, was Sie denken, sagen, planen oder vorhaben, die Folgen in Betracht. Bleiben Sie sich und Ihren Überzeugungen treu, dann sind Sie auf dem richtigen Weg, und das Leben wird es gut mit Ihnen meinen. In materieller Hinsicht können Sie einige Erfolge verbuchen. Rechtsangelegenheiten gehen positiv aus. Ihre Verhältnisse werden sich stabilisieren, eine bisher ungeklärte Angelegenheit findet ein gutes Ende.

Kopfüber: Laufende Prozesse können einen schlechten Ausgang nehmen, ein guter Freund will Sie hintergehen. Für eine alte Schuld, die Sie längst vergessen haben, werden Sie zur Rechenschaft gezogen. Wenn Sie ungerecht reagieren, wird man es Ihnen auf gleiche Weise heimzahlen.

Persönliche Aussage: Ihre Aufrichtigkeit und Ehrlichkeit machen sich bezahlt. Sie werden respektiert und geachtet, aber gleichzeitig angemahnt, diesen Weg nicht zu verlassen.

DIE GROSSEN ARKANA SIND DIE 22 TRUMPFKARTEN DES TAROT. SIE BERGEN IM GEGENSATZ ZU DEN KLEINEN ARKANA NICHT ETWA BEDEUTENDERE GEHEIMNISSE, SONDERN SIND LEDIGLICH UMFANGREICHER UND TIEFER VERBORGEN.

XII. DER GEHÄNGTE

Richtig: Alles ist ganz anders, nichts ist mehr wie zuvor. Sie befinden sich in einem Stadium des Übergangs und des Wandels. Eine ganz neue Perspektive tut sich auf, Sie werden eine wichtige Entscheidung treffen müssen, die Ihr Leben tüchtig umkrempeln wird. Von alten Vorstellungen müssen Sie sich verabschieden, eine langjährige, schwierig gewordene Beziehung werden Sie endlich aufgeben. Seien Sie offen für Neues und legen Sie alten Ballast ab. Ein guter Rat: Kämpfen Sie nicht – akzeptieren Sie einfach das, was ist.

Kopfüber: Alles ist verworren. Nichts, was Sie anpacken, will gelingen. Sie haben es versäumt, Ordnung in Ihr Leben zu bringen. Das rächt sich nun. Es wird längere Zeit dauern, bis Sie wieder klar sehen können: eine Lehre, die zeigt, daß nichts im Leben erzwungen werden kann.

Persönliche Aussage: Sie kämpfen zur Zeit gegen sich selbst und wissen auch schon, wie dieser Kampf ausgeht: Sie werden ihn verlieren. Sehen Sie den kommenden Ereignissen gelassen und in Ruhe entgegen.

XIII. TOD

Richtig: Diese Karte weist keineswegs auf ein tragisches Ereignis hin. Sie ist das Symbol für Veränderungen, für das Freimachen des Weges zu neuen Zielen. Sie werden gezwungen, Ihr bisheriges Leben zu ändern, nicht mehr an Altem festzuhalten, einfach loszulassen. Etwas Neues kündigt sich an. In der Partnerschaft kann dies eine Trennung bedeuten, aber auch das Ende einer Phase oder einen Abschied von Vergangenem. Doch darauf läßt sich neu aufbauen. Ganz sicher kommt etwas Besseres nach, auch wenn Sie heute daran zweifeln mögen.

Kopfüber: Durch das Festhalten an alten Gewohnheiten verlieren Sie den Anschluß an das Leben. Sie sind ruhelos, es mangelt Ihnen an Entschlußkraft, und nichts, was Sie anpacken, gelingt Ihnen. Wenn Sie nicht bereit sind, an Ihrem weiteren Weg einige Korrekturen vorzunehmen, werden Sie in jeder Hinsicht Verluste erleiden.

Persönliche Aussage: Verlassen Sie die eingefahrenen Gleise, auch wenn es Überwindung kostet. Sie werden dadurch ganz neue Erfahrungen machen und mit einem positiven Selbstgefühl belohnt werden.

JE MEHR ÜBUNG SIE IM LEGEN DER KARTEN HABEN, DESTO EHER WERDEN SIE FESTSTELLEN, DASS ES NICHT AUF DIE BEDEUTUNG EINER EINZELNEN KARTE ANKOMMT. WICHTIGER IST IHRE BEZIEHUNG ZUEINANDER, ALSO DAS GESAMTBILD.

DAS TAROT DIENT NICHT NUR DER ZUKUNFTS-DEUTUNG, SONDERN AUCH DER SELBSTFINDUNG. ANALYSIEREN SIE IHRE GEFÜHLE BEI JEDER KARTE UND FRAGEN SIE SICH, WAS DAS SYMBOL MIT IHREM LEBEN ZU TUN HABEN KÖNNTE.

XIV. MÄSSIGKEIT

Richtig: Vermeiden Sie Extreme, üben Sie sich in Geduld und Selbstbeherrschung. Dann verläuft Ihr Leben gleichmäßig und sehr beschaulich ab. Gehen Sie bei allem, was Sie vorhaben oder planen, nicht zu forsch vor, denn mit kleinen Schritten erreichen Sie viel mehr. Ihre Partnerschaft wird harmonischer, wenn Sie das rechte »Maß« zwischen Forderung und Hingabe finden. Erwarten Sie zuviel, werden Sie nur enttäuscht. Warten Sie einfach so lange ab, bis Sie fühlen, daß die Zeit für eine Veränderung reif ist.

Kopfüber: Sie sind unzufrieden mit der gegenwärtigen Situation und wollen alles auf einmal erreichen. Das macht Sie aggressiv und ungerecht. Sie verprellen dadurch all jene Menschen, die Ihnen gewogen sind und deren Zuneigung Ihnen wichtig ist.

Persönliche Aussage: Beobachten Sie sich sehr genau und prüfen Sie jede Handlung, bevor Sie sie in die Tat umsetzen. Gehen Sie dabei sehr behutsam vor und achten Sie darauf, daß Sie niemandem schaden.

XV. DER TEUFEL

Richtig: Sie haben die verhängnisvolle Neigung, sich selbst etwas vorzumachen. Aber auch anderen Menschen gegenüber lassen Sie es manchmal an Ehrlichkeit mangeln. Das geht zwar einige Zeit gut, aber irgendwann wird man sich von Ihnen abwenden und Ihnen kein Vertrauen mehr entgegenbringen. Halten Sie mehr Abstand zu sich selbst, das hilft Ihnen, Situationen besser einzuschätzen und mit entsprechenden Änderungen darauf zu reagieren. Sie können so viele Fehler vermeiden. Denken Sie daran: Sinnliche Erfüllung ist nicht alles, aber zu viele Gewissensbisse hemmen die Lebensfreude.

Kopfüber: Begeben Sie sich nicht zu sehr in Abhängigkeit von einem anderen Menschen. Sie hätten es sehr schwer, sich daraus wieder zu befreien. Vertrauen Sie nicht jedem, der Ihnen das Blaue vom Himmel herunter verspricht. Prüfen Sie alles sehr kritisch nach.

Persönliche Aussage: Lassen Sie sich die Freude am Leben nicht nehmen, aber übertreiben Sie nicht. Genießen Sie, was Ihnen gut erscheint, und bleiben Sie sich und Ihren Grundsätzen treu.

XVI. DER TURM

Richtig: Diese Karte zeigt Verlust, Zerstörungen, Elend, Unglück, Täuschung und Erschütterungen an. Alles, was man sich vorgenommen hat, kann schiefgehen. Nichts will mehr gelingen. Festgefahrene Gewohnheiten und Verhaltensweisen werden von heute auf morgen über den Haufen geworfen. Das alles hat aber auch sein Gutes, denn dadurch kann etwas Neues entstehen. Das ist eine schmerzhafte, aber dennoch notwendige Erfahrung. Sie hilft Ihnen, neue Kräfte zu entwickeln. Danach wendet sich alles wieder zum Guten.

Kopfüber: Wenn Sie nicht bereit sind, aus vergangenen Erfahrungen und Erlebnissen zu lernen, wird Ihnen das Schicksal die Quittung präsentieren. Andererseits haben Sie jetzt die Chance, ein neues Leben zu beginnen und eine andere Richtung anzusteuern. In Ihrer Partnerschaft werden sich einige Probleme aus der Vergangenheit endlich klären.

Persönliche Aussage: Die Dinge sind nicht das, was sie zu sein scheinen. Das sollte Ihnen als Trost für all die schmerzhaften Veränderungen dienen, die Ihnen widerfahren können.

DAS PRINZIP DES TAROT IST ENG MIT DER KABBALA VERBUNDEN, EINEM ALTEN JÜDISCHEN DENKSYSTEM, DAS DIE SYMBOLIK DES HEBRÄISCHEN ALPHABETES UNTERSUCHT UND GEDEUTET HAT.

XVII. DER STERN

Richtig: Der Stern symbolisiert neue Hoffnungen, Zuversicht, eine glückliche Zukunft und verspricht alle Chancen. Eine neue Liebe kommt, oder es gibt einen Neuanfang mit Ihrem Partner. Nach einer langen Krankheit wird sich Gesundheit einstellen. Viele Wünsche gehen in Erfüllung, über Nacht stellen sich lang ersehnte Erfolge ein. Der Geist wird befreit und entfaltet sich in eine neue Richtung. Das Leben wird harmonischer und glücklicher. Sie wissen intuitiv, was Sie tun müssen, um Ihre Ziele zu erreichen.

Kopfüber: Falsche Hoffnungen können Enttäuschungen mit sich bringen. Denken Sie in Ihrer Partnerschaft nicht nur an sich selbst. Es kann sein, daß ein gegebenes Versprechen nicht eingehalten wird. Wenn alles nicht so richtig in Schwung kommen will, müssen Sie sich in Geduld üben.

Persönliche Aussage: Das Glück ist Ihnen hold und sehr wohlgesonnen. Vor allem in der Liebe werden Sie wunderbare Erlebnisse haben und viel Zärtlichkeit erfahren.

XVIII. DER MOND

Richtig: Der Mond verkörpert die Nacht, und die Finsternis steht für die Sehnsucht nach einer erfüllten Liebe, für den Traum von einer idealen, beglückenden Partnerschaft. Wenn Sie intuitiv vorgehen, werden Sie bekommen, was Sie sich vorstellen und insgeheim erstreben. Es ist möglich, daß Sie einen Feind haben, den Sie nicht kennen. Es kann sich dabei auch um jemanden aus Ihrem Bekanntenkreis handeln. Verdrängen Sie Ihre Probleme nicht, denken Sie darüber nach und versuchen Sie, eine Lösung dafür zu finden.

HEBEN SIE NACH DEM MISCHEN ZWEIMAL AB. SIE HABEN NUN DREI STAPEL VOR SICH LIEGEN. WÄHLEN SIE DEN STAPEL, ZU DEM SIE SICH AM MEISTEN HINGEZOGEN FÜHLEN, UND NEHMEN SIE DIE ERFORDERLICHE ANZAHL DER KARTEN NACHEINANDER AB.

Kopfüber: Sie müssen lernen, mit Ihren Ängsten umzugehen und sie zu kontrollieren. In der Liebe gibt es einige Enttäuschungen, vielleicht auch eine Trennung. Sie neigen zur Zeit dazu, viele Fehler zu machen. Niemand außer Ihnen ist dafür verantwortlich, suchen Sie die Schuld bei sich selbst.

Persönliche Aussage: Mit dem Verstand lassen sich viele Probleme lösen, die Gefühle dürfen aber nicht unterdrückt werden. Ihre Ruhe und Ausgeglichenheit strahlt auch auf Ihre Partnerschaft aus.

XIX. DIE SONNE

Richtig: Sie ist die Karte des Erfolges und der Erfüllung, sie verkörpert den Tag und die Macht des Lichtes. Sie sind erfüllt von Energie und Lebensfreude, die Zukunft liegt strahlend vor Ihnen. Probleme, die Ihnen bisher Kummer bereitet haben, können endgültig bereinigt werden. Sie sind erfüllt von großer Kraft, Vitalität und Freude. Um Ihre Gesundheit steht es zum Besten, in Lebenskrisen wird Ihnen von allen Seiten Hilfe zuteil. Möglicherweise ist der Partner zur Ehe bereit. Im finanziellen Bereich wird sich einiges tun, Gewinne und ertragreiche Geschäfte sind nicht ausgeschlossen.

Kopfüber: Noch immer ist das Glück Ihnen hold, allerdings mit einigen Einschränkungen. Sie neigen leicht zu Illusionen und nehmen unkritisch an, was Ihnen vorgesprochen wird. Achten Sie auf Ihre Finanzen, denn Sie neigen manchmal zu Verschwendungssucht und zu Übertreibungen.

Persönliche Aussage: Vor Ihnen liegt eine strahlende Zukunft, die Ihnen großes Glück beschert. Sie haben Erfolg, und alles, was Sie anpacken oder vorhaben, ist vom Schicksal begünstigt.

XX. GERICHT

Richtig: Überprüfen Sie ganz objektiv Ihre Lebenseinstellung, denn irgendwann werden Sie Rechenschaft darüber ablegen müssen, ob Sie immer richtig gehandelt haben und aufrichtig gegenüber Ihren Mitmenschen waren. Denn jede auch noch so unbedeutende Handlung in Ihrem Leben zieht Konsequenzen nach sich. Wenn Sie Ihren Weg im rechten Sinne gehen, werden Sie dafür belohnt. Viele Probleme lassen sich jetzt angehen und lösen. Vermeiden Sie aber Prozesse oder Rechtsstreitigkeiten. Sie würden unterliegen.

Kopfüber: Verbindungen können zerbrechen, die Liebe kann urplötzlich erlöschen. Akzeptieren Sie, was geschieht, denn Sie können nichts mehr ändern. Im Beruf kommen vorübergehende Schwierigkeiten auf Sie zu. Ein Kollege intrigiert gegen Sie und möchte Ihre Position einnehmen.

Persönliche Aussage: Mit dem Partner kann es eine Versöhnung geben. Wenn Sie die Veränderungen in Ihrem jetzigen Lebensabschnitt akzeptieren, stehen Ihnen alle Türen offen.

XXI. DIE WELT

Richtig: Die Welt liegt Ihnen zu Füßen, das Ziel Ihrer Wünsche ist erreicht. Ihre Hoffnungen erfüllen sich. Viele Reisen stehen Ihnen bevor, ein ganz neues Lebensgefühl ergreift Besitz von Ihnen. Alle vergangenen Bemühungen werden jetzt belohnt. Alles, was Sie sich wünschen, steht Ihnen offen. Sie brauchen nur zuzugreifen. Nehmen Sie an, was das Schicksal Ihnen zu schenken bereit ist, und zeigen Sie sich dankbar dafür. Ihre Partnerschaft erfährt viel Auftrieb, sie ist beseelt von Liebe und großem Glück.

Kopfüber: Sie dürfen nicht stehenbleiben, sonst ist alles verloren. Gehen Sie Ihren Weg weiter, lassen Sie sich auch durch noch so große Hindernisse nicht abhalten. Sie verfügen über sehr viel Energie und Durchsetzungsvermögen, einen beherrschten Verstand und viel Mut. Setzen Sie beides ein, dann gehört der Sieg Ihnen.

Persönliche Aussage: Sie haben eine Glückskarte gezogen und können sicher sein, daß sich alle Ihre Hoffnungen erfüllen werden. Ihr Leben wird so gut sein, wie Sie bereit sind, sich dafür einzusetzen.

DAS TAROTORAKEL DIENT DAZU, IHNEN DEN ZUGANG ZU IHREM UNTERBEWUSSTSEIN ZU ÖFFNEN. IST DIES EINMAL GESCHEHEN, WERDEN SIE NACH IHRER INTUITION LEBEN UND DIE BILDER AUS IHREN TRÄUMEN UND PHANTASIEN RICHTIG ZU DEUTEN WISSEN, OHNE AUF DIE KARTEN ZURÜCKGREIFEN ZU MÜSSEN.

CHIROMANTIE –

Vor mehr als 5000 Jahren haben schon die Babylonier erkannt, daß in die Handflächen eines Menschen sein ganzes Schicksal, seine Fähigkeiten und Talente, seine Stärken und Schwächen, seine Vorlieben und sogar seine Zukunft eingezeichnet sind. Seither ist die Kunst des Handlesens von Völkern aus nahezu aller Welt immer mehr verfeinert worden, und Menschen aus allen Schichten – von arm bis reich – machten sich dieses Wissen zunutze.

ERFAHREN SIE MEHR ÜBER IHRE PERSÖNLICHKEIT

Blicken Sie in Ihre Hände. Mit etwas Übung können Sie darin lesen wie in einem Buch, in einem Tagebuch Ihres Lebens. Ihre Handlinien und Berge sind unverwechselbar, ja geradezu einmalig. Auf der ganzen Welt gibt es keine zwei Hände, die einander gleichen. Sie sind die persönliche Visitenkarte Ihres Charakters und der Schlüssel zu Ihrer Zukunft.

HANDLINIEN SIND INDIVIDUELL UND UNVERWECHSELBAR. SIE WERDEN UNTER ALLEN MENSCHEN NICHT ZWEI HÄNDE FINDEN, DEREN HANDLINIEN ÜBEREINSTIMMEN. SIE SIND EBENSO EINZIGARTIG WIE DAS SCHICKSAL EINES JEDEN MENSCHEN.

Nutzen Sie diese Möglichkeit, um Dinge über sich zu erfahren, die Ihnen bisher vielleicht nicht bewußt waren. Lesen Sie in Ihren Handlinien – und in denen Ihres Partners. Sie werden erstaunt sein, was sie Ihnen enthüllen. Schon beim Vergleich Ihrer beiden Hände werden Sie feststellen, daß sie recht verschieden sind. Wenn Sie Rechtshänder sind, zeigt Ihnen die rechte Hand die ursprünglichen Anlagen, die linke Hand das, was Sie bisher in Ihrem Leben daraus gemacht haben. Ihre momentane Situation und die Zukunft erfahren Sie also aus der linken Hand. Beim Linkshänder verhält es sich genau umgekehrt.

Schon die Beschaffenheit Ihrer Hand gibt Ihnen erste Hinweise: Ist die Hand fest und die Haut trocken, dann sind Sie ein entschlossener, realistischer Mensch, der tüchtig zupacken kann. Ist die Hand dagegen weich und feingliedrig, gehören Sie zu den gefühlvollen, sensiblen Menschen. Haben Sie feuchte Hände, müssen Sie mehr Selbstbewußtsein entwickeln.

HANDLESEN

DIE BERGE IN DER HAND ZEIGEN IHNEN IHRE CHANCEN AUF

Unter den fünf Fingern finden Sie die Fingerballen als mehr oder weniger ausgeprägte Erhebungen. Sie sind den verschiedenen Planeten zugeordnet und sollten prall und wenig durchfurcht sein. Findet sich auf einem Berg ein Sternchen, dann ist das entsprechende Glück besonders stark ausgebildet. Schneiden sich auf dem Berg aber zwei kleine Linien, dann sind die Chancen auf ein ungetrübtes Lebensglück, auf große Erfolge und eine rundum harmonische Partnerschaft eher etwas eingeschränkt.

DER JUPITERBERG

Sie sind ein besonderes Glückskind, wenn Sie einen schön geformten, großen Jupiterberg unter dem Zeigefinger besitzen. Er ist ein Zeichen, daß Sie in Ihrem Leben immer wieder Glück haben und die Fähigkeit besitzen, selbst kritischen Situationen eine gute Seite abzugewinnen. Mögen andere Sie ruhig für leichtsinnig oder unbekümmert halten. Sie stehen auf der Sonnenseite des Lebens und haben eine so starke positive Lebenseinstellung, daß Sie letztlich allein mit Ihrem unvergleichlichen Optimismus alle Schwierigkeiten meistern und zum Guten wenden werden.

DER SATURNBERG

Wenn der Saturnberg in Ihrer Hand fehlt, verspricht Ihnen das, daß Sie in Ihrem Leben kein schweres Schicksal zu tragen haben werden. Der Saturnberg würde nur den Jupiter-Glücksberg bedrängen. Finden Sie aber einen starken Saturnberg unter dem Mittelfinger, dann sind Sie auch stark genug, jedes Schicksal zu meistern. Sie können dann mit der für Sie typischen großen Gründlichkeit viel Verantwortung tragen.

DER SONNENBERG

Schönheitssinn und schöpferische Fähigkeiten verrät der pralle Sonnenberg unter dem Ringfinger. Sie müssen deshalb noch nicht der geborene Künstler oder Schriftsteller sein. Vielleicht haben Sie großes Talent zum

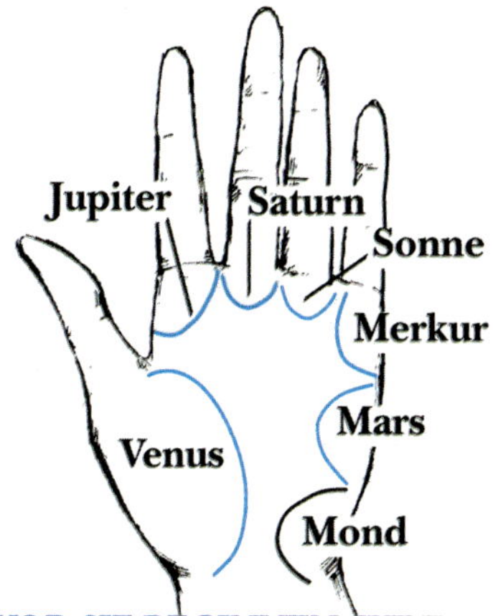

BEVOR SIE BEGINNEN, IHRE HAND ZU BETRACHTEN, SOLLTEN SIE SIE MEHRFACH ÖFFNEN UND SCHLIESSEN, DAMIT DIE HAUT GUT DURCHBLUTET IST. DIE HANDLINIEN SEHEN SIE AM BESTEN, WENN SIE DIE FINGER WEIT NACH HINTEN BIEGEN. DIE BERGE TRETEN BESSER HERVOR, WENN SIE DIE HAND GANZ LOCKER HALTEN.

Kochen oder viel handwerkliches Geschick. Auf alle Fälle finden Sie viel Freude an schönen und gepflegten Dingen und verstehen es, sie zu genießen. Das entspricht Ihrem sonnigen Wesen.

DER MERKURBERG

Ob Sie gut mit Geld umgehen können und redegewandt sind, das zeigt Ihnen der Merkurberg, die ausgeprägte Erhöhung unter dem kleinen Finger. Wenn er nicht gerade verkümmert ist, verstehen Sie es, selbst mit einem bescheidenen Einkommen ein beträchtliches Vermögen zu erwirtschaften. Sollte der Merkurberg aber fehlen oder nur sehr flach und stark durchfurcht sein, dann müssen Sie lernen, sparsamer mit Ihrem Geld umzugehen.

DER MARSBERG

Unter dem Merkurberg, in der Mitte der Handkante, liegt der Marsberg. An ihm können Sie Ihre Durchsetzungskraft, Widerstandsfähigkeit und die kämpferische Vitalität ablesen. Wenn dieser Berg zu groß ist, müssen Sie aufpassen, daß Sie Ihre Ziele nicht zu aggressiv anstreben. Wenn er kaum zu finden ist, können Sie ruhig etwas mehr aus sich herausgehen und Ihre Position energischer vertreten.

DIE HAND BILDET EIN KOSMISCHES SPIEGELBILD; DEMENTSPRECHEND SIND IHRE VERSCHIEDENEN STRUKTUREN, Z. B. DIE BERGE, DEN IN DER ANTIKE BEKANNTEN PLANETEN ZUGEORDNET UND NACH IHNEN BENANNT.

DER MONDBERG

Unter dem Marsberg, am Handballen zum Handgelenk hin, liegt der Mondberg. Wenn er sehr groß ist, sind Sie romantisch veranlagt, besitzen ein tiefes Gemüt und viel Phantasie. Ist er zu prall, dürfen Sie nicht zu sehr in den Tag hinein träumen. Ist er dagegen nur flach oder von Linien durchzogen, gilt es aufzupassen, daß die Nüchternheit nicht zu beherrschend und Ihr Leben damit nicht zu kühl wird.

DER VENUSBERG

Welche enorme Bedeutung die Liebe für unser Leben hat, das zeigt der Venusberg. Er ist der größte der sieben Berge, liegt unter dem Daumen und wird von der Lebenslinie begrenzt. Menschen mit einem sehr prallen Venusberg sind besonders leidenschaftlich und triebstark. Ist der Venusberg von vielen strahlenförmigen Linien durchfurcht, dann zeigt jede Linie eine Enttäuschung an. An diesen Linien lassen sich aber auch Hemmungen ablesen, die ein harmonisches Miteinander stark belasten können. Wenn es Ihnen gelingt, die Hemmungen abzubauen und die Enttäuschungen abzuhaken, werden diese Linien mit der Zeit verschwinden.

WAS DIE HANDFORM AUSSAGT

DIE QUADRATISCHE HAND

Sie ist kaum länger als breit, die Fingerspitzen sind stumpf. Damit sind Sie ordnungsliebend und gehen bei allem, was Sie tun, sehr methodisch vor. Sie ordnen die Gefühle der Vernunft unter. Eine solche Hand haben Organisatoren und Planer.

DIE SPATELFÖRMIGE HAND

Das Auffälligste an dieser Hand ist die ungewöhnliche Form der Fingerspitzen. Sie verbreitern sich zur Spitze hin. Damit sind Sie Neuem gegenüber sehr aufgeschlossen, immer in Bewegung und sehr dynamisch. Solche Finger haben Banker und Händler.

FEINE LINIEN ZEIGEN KRAFTLOSIGKEIT UND KONZENTRATIONS-SCHWÄCHE AN. EINE ZARTE HERZLINIE DEUTET AUF ANGST VOR GEFÜHLEN HIN.

DIE SENSITIVE HAND

Die Finger sind sehr lang, schmal und laufen spitz zu. Sie zeigen den sensitiven, sensiblen Mensch, der sehr feinfühlig auf seine Umwelt reagiert. Er ist überaus begeisterungsfähig und künstlerisch veranlagt.
Wenn der Daumen sehr tief an der Handwurzel angesetzt ist, fast rechtwinklig absteht und leicht nach hinten zu biegen ist, haben wir es mit einem sehr flexiblen, anpassungsfähigen Menschen zu tun.

EHER HÄUSLICH – ODER FÜR DEN BERUF GESCHAFFEN?

Schließen Sie Ihre Hand und vergleichen Sie die beiden Flächen, die Handteller und Finger bilden. Ist die Handfläche bei Ihnen deutlich größer als die Fingerfläche, dann sind Sie ein praktisch veranlagter, sozial eingestellter Mensch. Ihr Erfolg und Ihr Glück liegen nicht so sehr in geistigen Anstrengungen, sondern in der Menschenführung. Sie brauchen ein harmonisches Heim, einen verläßlichen Partner – und Kinder. Ist dagegen die Fingerfläche größer, dann verspüren Sie den Wunsch, aus sich herauszugehen und Karriere zu machen. Sie sind sehr kreativ und brauchen eine berufliche Entfaltungsmöglichkeit mit viel Eigenständigkeit. Bindungen werden in diesem Fall fast zweitrangig und gelegentlich sogar als Behinderung empfunden.
Wenn die beiden Flächen in etwa gleich groß sind, sind Sie ausgeglichen und verstehen es, Beruf und Familie geschickt miteinander zu verbinden.

Besonders dünne, schwache Finger verraten einen Menschen mit Anlaufschwierigkeiten und wenig Ausdauer. Sehr kräftige, breite Finger weisen hingegen auf einen Draufgänger, der etwas festzuhalten versteht. Nicht selten handelt es sich dabei um autoritäte Menschen, die alles bestimmen wollen und sich über Widerstände hinwegsetzen.

Sind die Hände, vor allem die Finger, steif, knochig und unbeweglich, ist ein etwas starrer Charakter gegeben, der sich nur schwer anpassen und loslassen kann. Die Energien werden nicht sinnvoll eingesetzt, so daß es leicht zu Verkrampfungen kommen kann.

SEHR BREITE LINIEN WEISEN AUF GROSSE ENERGIEN HIN. EINE BESONDERS STARKE HERZLINIE ZEIGT DEN IMPULSIVEN GEMÜTSMENSCHEN AN.

DIE HANDLINIEN

Die Handlinien geben einen ersten Eindruck vom Charakter eines Menschen. Sie sind so unterschiedlich wie die Fingerabdrücke; allerdings können sie sich im Laufe eines Lebens verändern – was bedeutet, daß das Schicksal nicht unabänderlich ist und in einem gewissen Maße von jedem Menschen selbst ins Positive oder Negative beeinflußt werden kann.

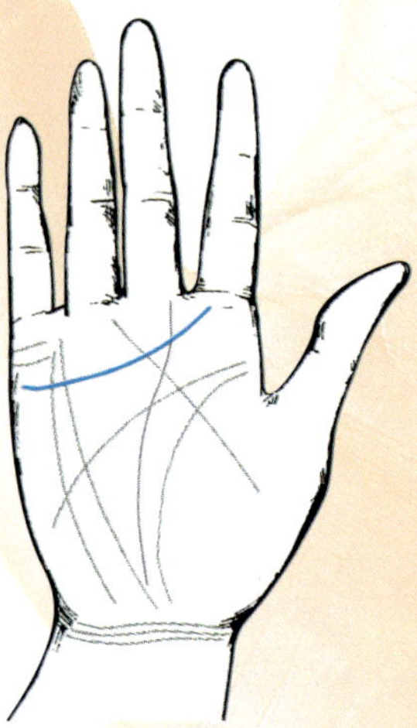

DIE HERZLINIE

Die obere Querlinie in Ihrer Hand gibt Auskunft über Ihr Liebesglück. Ist sie kräftig und tief ausgeprägt, verrät das besondere Erlebnisse und große Leidenschaft.

Fehlt bei Ihnen die Herzlinie, regiert in Ihrem Leben eindeutig die Vernunft. Ihr müssen alle Gefühle untergeordnet werden.

Eine aufsteigende Herzlinie verheißt Ihnen ein Leben voller Liebe. Verläuft sie fast bis zum Zeigefinger, ist Ihnen Eheglück sicher. Endet die Herzlinie erst am Zeigefinger, bedeutet Liebe für Sie das größte Glück.

Kleine Querlinien stehen für Ihre Liebeserlebnisse. Jede Aufwärtslinie zeigt eine glückliche Liebe an, jede Abwärtslinie symbolisiert eine Enttäuschung.

Verlaufen Herzlinie und Kopflinie parallel, so sind Sie ein ausgeglichener Mensch, der seine Gefühle stets in der Gewalt hat, treu und verläßlich ist.

Herz- und Kopflinie streben auseinander? Sie sind überaus leidenschaftlich veranlagt und lassen sich stark von Gefühlen leiten.

Eine unterbrochene Herzlinie zeigt an, daß Ihnen eine Trennung bevorsteht, die Sie allerdings bald verschmerzt haben. Neues Glück wird wahr!

Die verschlungene Herzlinie ist verspielt wie Ihr Leben: ständiges Flirten, sich stets neu verlieben. Denken Sie gelegentlich über die Treue nach!

DIE LEBENSLINIE

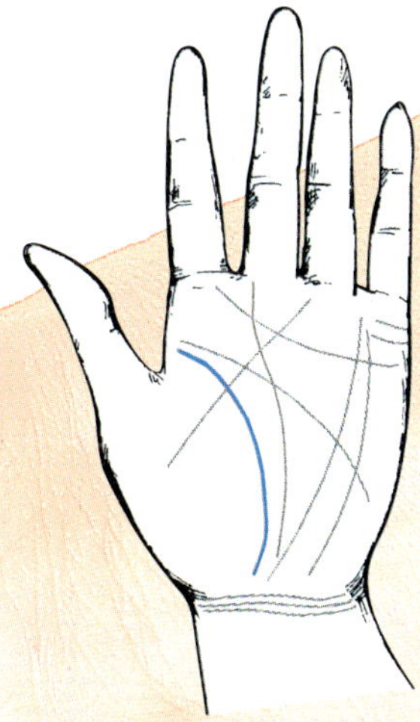

Die Lebenslinie beginnt an der Handkante zwischen Daumen und Zeigefinger und verläuft in einem Bogen abwärts, manchmal ganz um die Handwurzel herum.
Tiefe und Stärke der Lebenslinie sind ebenso wichtig wie ihre Länge. Eine kurze Lebenslinie bedeutet jedoch keineswegs auch ein kurzes Leben.
Wenn Ihre Lebenslinie lang und kräftig ist, werden Sie sehr alt und haben Kraft genug, Ihr langes Leben voll zu genießen. Sie sind ein beneidenswerter und glücklicher Mensch.
Eine lange, dünne, unregelmäßige Lebenslinie deutet darauf hin, daß Ihnen ein langes Leben mit vielen Wechseln und Veränderungen gegeben ist. Sie müssen auf Ihre Gesundheit achten.
Die kurze, aber kräftige Lebenslinie sagt: Sie besitzen eine ungeheure Vitalität. Sie leben Ihr Leben und wissen sehr genau, was Sie wollen.
Eine kurze und schwache Lebenslinie will Sie ermuntern. Ihre Antriebskräfte sind nicht sehr ausgeprägt. Sie müßten mehr Lebensmut entwickeln, um Ihren weiteren Weg erfolgreich zu meistern.
Ist Ihre Lebenslinie lang und am Ende gespalten, zieht sich ein Zweig um die Handwurzel, dann freuen Sie sich: Sie werden bis ins hohe Alter hinein gesund und aktiv bleiben.
Erscheint Ihre Lebenslinie verdoppelt, können Sie sich glücklich schätzen. Jemand, der großen Einfluß auf Ihr Leben ausübt, wacht mit Sorgfalt über Sie, dient Ihnen als guter Berater und Beschützer.

WUNDERN SIE SICH NICHT, WENN SIE BEI SICH KEINE SCHICKSALSLINIE FINDEN. NICHT JEDER MENSCH HAT EINE.

DIE SCHICKSALSLINIE

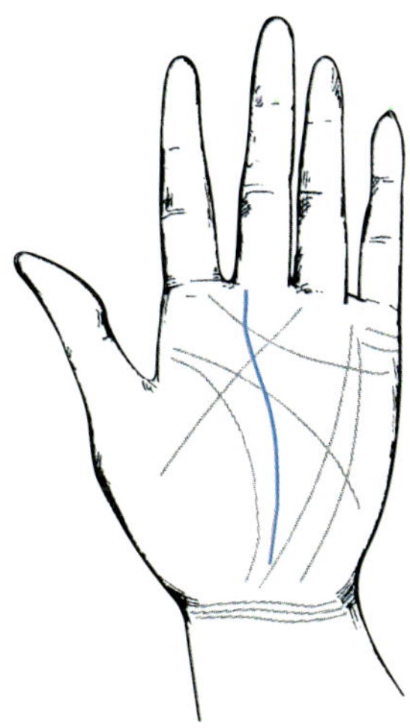

Sie verläuft mitten in der Hand von der Handwurzel zu den Fingern. Nur ganz selten ist sie stark ausgeprägt und geradlinig ausgebildet. Wenn doch, sind Sie ein ausgesprochener Glückspilz und zwar in jeder Beziehung. Ob privat oder geschäftlich, Fortuna läßt Sie nicht im Stich.
Eine tiefe, gerade und ununterbrochene Schicksalslinie weist darauf hin, daß Sie in jedem Lebensalter gleichermaßen von ungetrübtem Glück begleitet sind. Keine wesentlichen Verluste sind zu befürchten. Ihr Leben verläuft ruhig und in geregelten Bahnen.
Jede Unterbrechung der Schicksalslinie zeigt eine Neuorientierung an. Das könnte entweder ein Berufswechsel oder eine neue Partnerschaft, aber auch eine unverhoffte Erbschaft oder ein großer Gewinn sein. In jedem Fall steht Ihnen ein neues Glück bevor. Je mehr Unterbrechungen Ihre Lebenslinie aufweist, desto aufregender verläuft Ihr Leben.

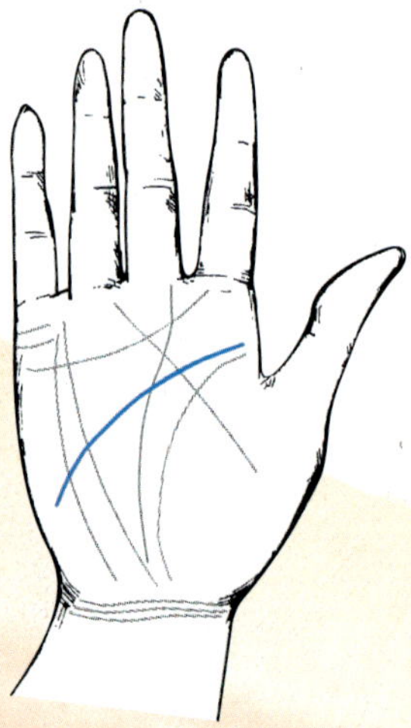

DIE KOPFLINIE

Die dritte große Linie zwischen der Herz- und Lebenslinie ist die Kopflinie. Sie verrät Ihnen etwas über Ihre Begabung, Phantasie und Willenskraft. Sehr positiv für Ihr Leben ist es, wenn sie tief ausgeprägt, stark und möglichst lang ist.

Eine abwärtsgebogene, lange Kopflinie verrät, daß Sie über eine unglaubliche Phantasie verfügen. Sie sollten Geschichten oder Erzählungen schreiben! Sie neigen jedoch auch dazu, sich etwas von der Wahrheit zu entfernen. Vorsicht, diese Eigenschaft kann Sie in Schwierigkeiten bringen!

Ist Ihre Kopflinie aufwärtsgebogen und kurz, haben Sie fast zu viele Begabungen. Es fällt Ihnen schwer, sich auf nur eine Sache zu konzentrieren. Dabei könnten Sie sich leicht verzetteln.

Ihre Kopflinie ist getrennt von der Lebenslinie: Das zeigt, daß Sie viel Wagemut und große Durchsetzungskraft haben. Sie werden erreichen, was Sie sich in den Kopf gesetzt haben, sollten jedoch dabei die Interessen und das Wohl Ihrer Mitmenschen nicht aus dem Auge verlieren.

Die mit der Lebenslinie verbundene Kopflinie deutet auf große Vorsicht hin. Statt selbst zu entscheiden, warten Sie ab und nehmen, was gerade so kommt. Warten Sie nicht immer auf Impulse von außen, sondern treten Sie in Aktion. Nur wer wagt, kann auch gewinnen.

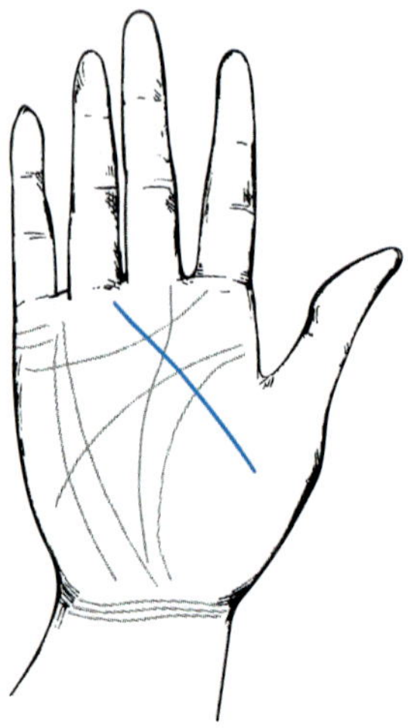

DIE GELDLINIE

Quer zu den drei Hauptlinien verläuft die Geldlinie. Sie verspricht Wohlstand und Reichtum.

Zieht sich diese Linie bis zum kleinen Finger hin, bedeutet das eine Erbschaft oder größere Geldgeschenke, in jedem Fall also Geschenk, Reichtum, der nicht Ihr eigener Verdienst ist.

Schneidet eine Abzweigung der Kopflinie die Geldlinie, dürfen Sie mit ganz plötzlichem Geldgewinn, zum Beispiel aus einer Lotterie, rechnen.

Führt eine Linie senkrecht vom Daumen zu einem Stern unter dem Zeigefinger, dann werden Sie durch Ihre eigene Arbeit und Tüchtigkeit reich.

Läuft eine Linie quer vom Daumen zum kleinen Finger, bringt die Zusammenarbeit mit anderen das große Glück sowie finanziellen Erfolg.

Führt eine Linie vom Daumen zum Mittelfinger, dann kommen Sie durch Erfolge in Forschung und Wissenschaft, etwa durch eine Erfindung, zu Reichtum. Mündet eine Abzweigung der Kopflinie in die Geldlinie, dann hängt alles von Ihrem persönlichen Einsatz ab. Sie sollten sich ins Zeug legen, dann wird Ihnen finanzieller Erfolg beschieden sein.

DIE GESUNDHEITSLINIE

Die Gesundheitslinie beginnt unterhalb des kleinen Fingers und verläuft schräg über die ganze Handfläche zum Handgelenk. Nicht selten bildet sie sich erst im Laufe des Lebens heraus. Fehlt die Gesundheitslinie ganz, ist das kein Grund zur Sorge. Im Gegenteil, es ist ein Zeichen für eine ausgezeichnete körperliche Konstitution, die bis auf kleinere Krankheiten bis ins hohe Alter hinein andauern wird.

Die kräftig ausgeprägte und gerade verlaufende Gesundheitslinie zeigt, daß übertriebene Ängste völlig unbegründet wären. Dennoch sollten Sie keinen Raubbau mit Ihrem Körper treiben. Achten Sie vor allem auf eine ausgewogene Ernährung und ausreichend Erholung. Hüten Sie sich unbedingt vor Streß. Die Nerven sind Ihre einzige Schwachstelle.

Abzweigungen von der Gesundheitslinie sollten Ihnen Mut machen. Im Falle einer ernsthaften Krankheit ist Ihnen eine baldige Genesung bestimmt. Meiden Sie Genußgifte wie Zigaretten und Alkohol. Auch ein zu extremer Lebensstil kann Ihre Gesundheit negativ beeinflussen.

Ist Ihre Gesundheitslinie unterbrochen, ist keinesfalls mit dem Schlimmsten zu rechnen. Sie werden sich von einer langen Krankeit erholen und ein neues Leben beginnen.

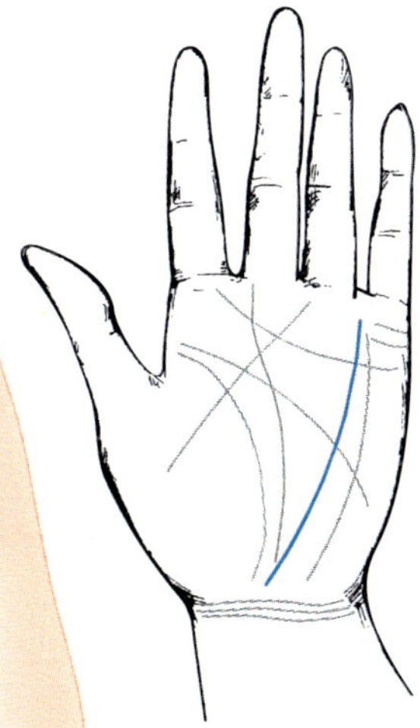

BRÜCHE SCHWÄCHEN DIE KRAFT UND ZIELRICHTUNG EINER LINIE. SIE ZEIGEN EINEN NEUEN ANSATZ ODER EINE WENDE AN UND SIND NICHT

DIE LIEBESLINIEN

An der Handkante unterhalb des kleinen Fingers befinden sich die Liebeslinien. Sie geben Ihnen Auskunft über Liebeserlebnisse, Ehen und partnerschaftliche Verwicklungen. Verläuft die Linie senkrecht, deutet dies darauf hin, daß Sie Kinder haben werden.

Weist Ihre Hand viele kräftig ausgeprägte Liebeslinien auf, können Sie daran erkennen, wie oft Sie heiraten werden. An schwächeren Linien lassen sich Partnerschaften und Liebschaften abzählen, die für Ihr Leben von Bedeutung sein werden.

Werden die Liebeslinien von senkrechten Linien gekreuzt oder unterbrochen, ist dies ein Anzeichen für Trennung, Scheidung oder für eine unglückliche Liebe. Eine Versöhnung mit demselben Partner ist dabei allerdings nicht ausgeschlossen.

Das »große M« wird von der Lebenslinie, der Kopf-, Herz- und Schicksalslinie gebildet und ist ein untrügliches Zeichen für eine harmonische Ehe, die ein ganzes Leben lang andauern kann. Wird das »große M« von der Erfolgslinie gekreuzt, läßt dies auf eine zweite Ehe oder auf eine zweite große Liebe schließen.

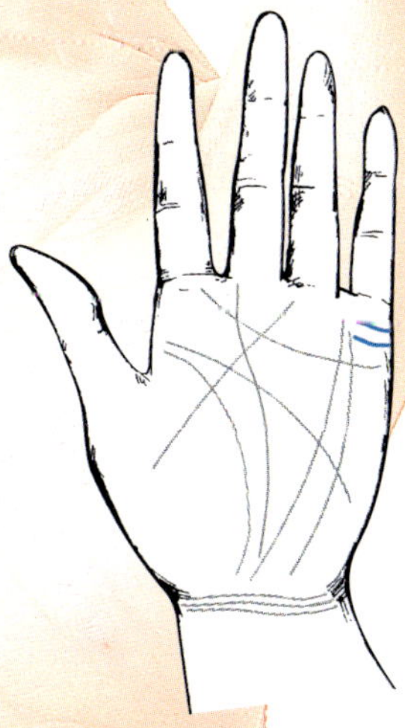

DAS INDISCHE

Mit diesem Orakel beschäftigten sich vor einigen Jahrtausenden schon die indischen Maharadschas. Es wurde von einem Gefangenen erfunden, der es versäumt hatte, dem Fürsten von Jaipur den nötigen Respekt zu zollen, und daraufhin in den Kerker geworfen wurde. In seiner Einsamkeit dachte er sich dieses Orakel aus. Mit der Brosche seines Turbans kratzte er die Felder eines Schachbrettes in den Lehmboden seiner Zelle und benutzte Steinchen zum Werfen. Sein Wächter interessierte sich für das Spiel und berichtete anderen Aufsehern davon. Die Nachricht gelangte schließlich an das Ohr des Maharadschas. Er befahl, den Gefangenen vorzuführen, und ließ sich in das Orakelspiel einweihen. Als er es beherrschte, schenkte er ihm die Freiheit.

SIE KÖNNEN FÜR DIESES SPIEL AUCH EIN SCHACHBRETT BENUTZEN, AUF DAS SIE DIE ZAHLEN AUFKLEBEN ODER -MALEN.

SO BEFRAGEN SIE DAS ORAKEL

Das Orakel ist einfach zu spielen: Sie nehmen ein Reiskorn und werfen es auf nebenstehendes Spielbrett. Die Zahl, dem das Reiskorn am nächsten liegt, gibt Aufschluß über Ihre zukünftige Entwicklung.

- Wenn Sie das Brettorakel mit einem Partner spielen, werfen Sie nacheinander. Zuvor lassen Sie den Zufall entscheiden, wer anfängt: Wer zuerst die Sieben trifft, darf mit dem Spiel beginnen.

- Die Zahlen 3 (Neubeginn), 7 (Erfolg), 9 (Hoffnung) und 11 (Glück) stehen zusammen in der Mitte des Feldes und werden »Die Erfüllung« genannt. Diese Zahlen sind besonders wichtig, denn sie geben Ihnen zu erkennen, wie es um Ihre nahe Zukunft bestellt ist.

- Landet das Reiskorn auf der Zahl 13, sollten Sie entweder ganz aussetzen oder noch einmal von vorne beginnen.

- Ein Wurf auf die 64 gilt als Joker. Ist Ihr Reiskorn darauf gefallen, dürfen Sie noch einmal werfen.

BRETTORAKEL

DAS SPIELBRETT

22	45	31	23	43	18	30	56
30	8	26	4	53	41	1	25
51	39	16	37	27	20	55	46
14	12	28	11	7	49	29	13
35	47	19	3	9	52	40	33
61	2	24	63	42	5	19	36
44	38	50	15	64	34	62	10
17	32	60	6	48	27	21	54

DIESES ORAKEL EIGNET SICH BESONDERS DAFÜR, DEN RICHTIGEN ZEITPUNKT FÜR BESTIMMTE AUFGABEN UND UNTERNEHMUNGEN ZU BESTIMMEN.

DIE BEDEUTUNG DER ZAHLEN

1 Lassen Sie sich diese Gelegenheit nicht entgehen. Wenn Sie noch länger warten, ist Ihre Chance verschenkt, und eine zweite kommt so schnell mit Sicherheit nicht wieder.

2 Geben Sie nicht immer so rasch klein bei. Nur mutig voran! Eine harmonische Zeit steht Ihnen bevor.

3 Herzlichen Glückwunsch! Ihre Hartnäckigkeit und Ausdauer haben sich gelohnt. Endlich bekommen Sie das, was Sie schon immer gewollt haben.

4 Spätestens in drei Wochen wird in Ihr turbulentes Leben Ruhe einkehren, und es geht wieder aufwärts.

5 Ihrem Glück steht nun nichts mehr im Wege. Doch: Übermut tut selten gut. Halten Sie an dem fest, was Sie erreicht haben, und fordern Sie das Schicksal nicht unnötig heraus.

6 Verlangen Sie nicht zuviel von Ihrem Partner! Nehmen Sie ihm nicht die Luft zum Atmen. Sonst könnte es zur Trennung kommen.

7 Endlich zahlt sich aus, wofür Sie so lange geschuftet haben. Mit Fleiß und Hartnäckigkeit gelingt es Ihnen, auch in der Zukunft alle Probleme bravourös zu meistern.

8 Konzentrieren Sie sich auf Ihren Beruf, denn da läuft nicht alles so glatt, wie Sie es gern hätten. Anstatt den Frust mit sich herumzutragen, wäre ein offenes Gespräch mit Ihren Kollegen angebracht.

9 Was Sie vorhaben, wird in Erfüllung gehen. Den Grundstein dafür haben Sie ja schon gelegt. Jetzt müssen Sie nur noch etwas Geduld haben und auf die Ernte warten.

10 Scheuen Sie keine Konflikte. Begehen Sie nicht den alten Fehler, den Kopf in den Sand zu stecken. Nehmen Sie den Kampf auf!

IN INDIEN WIRD DER MYSTIK EINE BESONDERE BEDEUTUNG ZUGEMESSEN. HINTER ALLEN RITEN UND HANDLUNGEN, AUCH HINTER DIESEM BRETTSPIEL, STECKT DIE TIEFE ÜBERZEUGUNG EINES FREIEN GEISTES.

11 Sie lieben und werden geliebt. Sie sind die nächsten sechs Monate in Hochform und werden sehr viel erreichen. Glückwunsch!

12 Machen Sie in der Partnerschaft Ferien vom Alltag und lernen Sie einander neu kennen. Wenn Sie jetzt gemeinsam Ihre Lebensziele überdenken, steht einer glücklichen Beziehung nichts entgegen.

13 Alles, was Sie planen, anpacken oder in Angriff nehmen, wird schief gehen. Die Zeit ist einfach noch nicht reif dafür und Sie auch nicht.

14 Gehen Sie mehr aus sich heraus, dann machen Sie Ihren Weg. Vermeiden Sie unwichtige Querelen, sie kosten nur Energie.

15 Legen Sie in regelmäßigen Abständen immer wieder eine Ruhepause ein, sonst bleiben Sie irgendwann einmal auf der Strecke.

16 In naher Zukunft gehen all Ihre Träume in Erfüllung. Sie genießen das harmonische Miteinander mit dem Partner, der sich nun endlich zu Ihnen bekannt hat.

17 Kleine Reibereien gehören in einer Partnerschaft mit dazu. Sie sind das Salz, das jede Speise schmackhaft macht. Ein Kompromiß räumt Streitigkeiten schnell aus dem Weg.

18 Ein Streit mit dem Partner bringt das Faß zum Überlaufen. Jetzt heißt es loslassen, denn es wird keinen Neuanfang geben. Ein anderer Mensch wartet schon auf Sie.

19 Wenn Sie es geschickt anstellen, können Sie ein gutes Geschäft an Land ziehen. Sie haben erstklassige Ideen, die Sie vermitteln und in die Tat umsetzen können.

20 Reagieren Sie nicht gleich launisch oder empfindlich, wenn der Partner nicht so mitzieht, wie Sie es gern hätten. Lassen Sie ihm Zeit, wenn es um wichtige Entscheidungen geht.

21 Frühere, scheinbar aussichtslose Anstrengungen zahlen sich jetzt doch noch aus. Eine neue, aufregende Aufgabe, die Ihnen sehr gut gefallen wird, wartet auf Sie.

RITEN HALFEN BEREITS PRIESTERN UND DRUIDEN, EINEN ZUGANG ZUM UNTERBEWUSSTSEIN ZU FINDEN. GEWÖHNEN AUCH SIE SICH EIN GEWISSES RITUAL AN, BEVOR SIE DIE BEFRAGUNG BEGINNEN.

HABEN SIE EINE FRAGE, DIE MIT IHREM INNEREN ZU TUN HAT, DANN KONZENTRIEREN SIE SICH BESONDERS FEST DARAUF. FORMULIEREN SIE DIE FRAGE AM BESTEN SCHRIFTLICH.

22 Sie haben in den nächsten Wochen Gelegenheit, Ihre Position weiter auszubauen. Ein Freund wird Ihnen dabei alle Unterstützung geben, die Sie brauchen. Zögern Sie nicht, sie anzunehmen.

23 Ihr Optimismus und Ihr starkes Selbstvertrauen geben Ihnen Kraft, auch mit den größten Herausforderungen spielend fertig zu werden. Die nächsten drei Monate sind besonders günstig.

24 Sie sind im Augenblick umschwärmt wie noch nie in Ihrem Leben und können sich vor netten Angeboten kaum retten. Zögern Sie nicht zu lange und nehmen Sie Hilfe an.

25 Die Zeit ist reif für eine ernste Aussprache mit Ihrem Partner. Sie kann nur in eine Versöhnung münden. Geben Sie sich etwas mehr Mühe. Ihre Beziehung ist es wert.

26 Verschenken Sie Ihre Chancen nicht und knien Sie sich in die Arbeit. Jetzt endlich haben Sie Gelegenheit, mit Ihren Fähigkeiten und Ihrem Können zu glänzen.

27 In der Liebe läuft es nicht so, wie Sie es gerne hätten; der Partner zieht sich immer wieder zurück. Sehen Sie den Tatsachen ins Auge und treffen Sie endlich eine Entscheidung.

28 Schwierigkeiten, die Ihre Beziehung betreffen, sind auf einmal wie weggeblasen. Wenn Sie jetzt Ihrem Partner gegenüber ehrlich sind, wird sich die Liebe positiv entwickeln.

29 Sie müssen schon einiges tun, um die für Sie so wichtige Anerkennung von außen zu erhalten. Noch ist kein Meister vom Himmel gefallen. Sie brauchen einfach mehr Selbstbewußtsein.

30 Nun ist es an der Zeit, gute Vorsätze endlich in die Tat umzusetzen. Schieben Sie die Entscheidung nicht noch länger hinaus, sonst läuft Ihnen unwiederbringlich die Zeit davon.

31 Denken Sie mehr an sich und lassen Sie sich nicht so sehr von Ihrem Partner beeinflussen. Sonst nimmt er Sie nicht mehr ernst, und Ihr Selbstbewußtsein bleibt auf der Strecke.

32 Nachdem alle größeren Schwierigkeiten in Ihrer Partnerschaft aus dem Weg geräumt sind, können Sie jetzt auch an eine gemeinsame Zukunft denken.

33 Sie strahlen Optimismus, Ausgeglichenheit und Selbstbewußtsein aus. Das macht es Ihnen leicht, andere von Ihren Vorstellungen und Ideen zu überzeugen. Nutzen Sie die Gunst der Stunde.

34 Zwischen Ihnen und Ihrem Partner gibt es jede Menge großer und kleiner Mißverständnisse. Nur mit Diplomatie und Kompromißbereitschaft verhindern Sie Schlimmeres.

35 Einem Neubeginn mit Ihrem Partner steht nichts mehr im Wege. Machen Sie jetzt ja nicht den Fehler, alte Probleme wieder aufzuwärmen. Feiern Sie statt dessen gemeinsam Ihre Liebe.

36 Bemühen Sie sich, im Team zu arbeiten. Das bringt Ihnen Beifall, Lob und Anerkennung. Vermeiden Sie auf jeden Fall einen Alleingang, Sie würden eine Enttäuschung erleben.

37 Alleine treten Sie auf der Stelle. Vertrauen Sie Ihre Sorgen Freunden oder Kollegen an. Besonders im nächsten Vierteljahr brauchen Sie tatkräftige Unterstützung von außen.

38 Lassen Sie sich auf keine finanziellen Abenteuer ein. Sie dürfen, wenn Sie alleine leben, mit einer interessanten Begegnung rechnen, die Ihr Leben verändern wird.

39 Wenn Sie jetzt mit Ihrem Chef sprechen, wird er Ihren Fleiß honorieren und Ihnen keinen Wunsch abschlagen. Aber nicht maßlos werden, sonst erreichen Sie das Gegenteil.

40 Der Partner bezweifelt, daß Sie es ehrlich mit ihm meinen. Beweisen Sie ihm mit Taten und gutem Willen doch einfach das Gegenteil. Das wird ihn überzeugen.

41 Sie sind jetzt zwar extrem gefordert, können aber in den nächsten drei Monaten mit Engagement und Hartnäckigkeit viele Pluspunkte sammeln. Die Mühe lohnt sich.

WURFORAKEL SIND IN LEICHT ABGEÄNDERTER FORM IN GANZ EUROPA BEKANNT. MAN BENÜTZT STEINE, BROTKÜGELCHEN ODER MÜNZEN, UM DIE GEWÜNSCHTEN ANTWORTEN ZU ERHALTEN.

ZAHLEN KÖNNEN SPRECHEN. DAS WORT »ER-ZÄHLEN« IST MIT DEM GERMANISCHEN BEGRIFF »ZALA« (ZAHL) VERWANDT UND VERDEUTLICHT DIE WECHSELBEZIEHUNG ZWISCHEN AUSSAGE UND NUMMER.

42 Ihnen fehlt der Mut zum Risiko, Sie leben einfach in den Tag hinein. Kehren Sie wieder auf den Boden der Tatsachen zurück.

43 Lassen Sie sich bei Ihrer Entscheidung nicht von anderen beeinflussen. Sie werden die für Sie richtige Lösung ganz alleine finden.

44 Sie haben eine gute Zeit vor sich, die in Ihrem Leben viele positive Veränderungen bewirken wird. Sie werden mit dem Partner einen neuen Anfang starten.

45 Ab Mitte des nächsten Monats müssen Sie mit kleineren Krisen in Ihrer Beziehung rechnen. Klammern Sie sich nicht zu sehr an Ihren Partner. Er braucht mehr Freiheiten.

46 Die Chancen stehen gut, daß Sie sich endlich einen langgehegten Wunsch erfüllen können. Vergessen Sie dabei aber Ihren Partner nicht. Er war ebenfalls an Ihrem Erfolg beteiligt.

47 Mit harter Arbeit gelingt es Ihnen, einen Konkurrenzkampf für sich zu entscheiden, so daß Sie Ihre Position weiter ausbauen können. Doch Vorsicht, Kollegen neiden Ihnen den Erfolg.

48 Sie wägen häufig zu lange ab und lassen sich dabei so manche gute Chance durch die Lappen gehen. Es wird viele Turbulenzen geben.

49 Ihr Streben nach beruflichem Aufstieg und Anerkennung wird einen leichten Dämpfer bekommen.

50 Sie kommen nicht umhin, einige wichtige Entscheidungen zu fällen, die für Ihr Leben von großer Bedeutung sein werden. Warten Sie jedoch ab, bis sich Ihre Gesundheit stabilisiert hat.

51 Ihre Geduld und Ausdauer zahlen sich endlich aus und werden mit finanziellem Erfolg belohnt. Mit dem Partner erleben Sie angenehme Stunden der Zweisamkeit.

52 Vermeiden Sie überstürzte Reaktionen und legen Sie sich nicht mit Ihren Kollegen an. Verhalten Sie sich viel diplomatischer als bisher. Auf diese Weise kommen Sie schneller zum Ziel.

53 Die Turbulenzen der letzten Woche sind überstanden. Jetzt beginnt eine angenehme Zeit mit vielen Höhepunkten. Sie dürfen sich ruhig auf Ihren Lorbeeren ausruhen.

54 Liebe und Leidenschaft stehen an vorderster Stelle. Freuen Sie sich auf viele aufregende Tage und Wochen mit Ihrem Herzenspartner.

55 Die Arbeit macht Ihnen Spaß, und Sie können viele Erfolge für sich verbuchen. Ihre Schritte werden jedoch von Freunden und Kollegen aufmerksam beobachtet.

56 Sie reagieren oft vorschnell und sehr impulsiv. Sie arbeiten einfach zuviel. Gönnen Sie sich mehr Schlaf und schalten Sie häufig einfach ab. Widmen Sie Ihrem Partner mehr Zeit.

57 Eine unvorhergesehene Veränderung erschreckt Sie und kann Ihr seelisches Gleichgewicht ins Wanken bringen. Ruhe bewahren!

58 Legen Sie Ihren Partner nicht in Ketten. Er nimmt sich sonst seine persönliche Freiheit selbst, und Sie bleiben auf der Strecke.

59 In den nächsten Tagen sind Konflikte mit Mitarbeitern nicht ausgeschlossen. Ziehen Sie rechtzeitig die Bremse. Geben Sie nach.

60 Sie sehnen sich nach interessanteren Aufgabengebieten. Möglicherweise fangen Sie etwas ganz Neues an. Doch trotz aller Euphorie sollten Sie sich nicht zuviel aufladen.

61 Gehen Sie sparsamer mit Ihrer Energie um, teilen Sie Ihre Kräfte besser ein, dann können Sie viel mehr erreichen.

62 Es kann zu Unstimmigkeiten mit dem Partner kommen. Geben Sie ihm keinen Anlaß zur Eifersucht, gehen Sie stärker auf ihn ein.

63 Kleine Krisen meistern Sie souverän, kühne Projekte lassen sich jetzt verwirklichen. Verhandlungen gehen zu Ihren Gunsten aus.

64 AUSWAHL: Jetzt werden endlich alle Träume wahr: Glück in der Liebe und großer Erfolg im Beruf. Sie sind wirklich zu beneiden.

WERFEN SIE AN EINEM TAG ZWEI- ODER GAR DREIMAL DIE GLEICHE ZAHL, SO UNTERMAUERT DIES DIE DRINGLICHKEIT DER AUSSAGE.

DAS CHINESISCHE

Das über 5000 Jahre alte I Ging, das Buch der Wandlungen, ist nicht nur ein Buch der Weisheit, das von den großen chinesischen Philosophen und Denkern immer wieder zum Studium und zur Enthüllung des Schicksals herangezogen wurde. Es beschreibt das kosmische Gesetz, daß Geist und Materie eins sind und daß sich das Leben ständig zwischen dem Yin- und Yang-Pol hin und her bewegt.

Als Orakel offenbart es Ihnen Wesentliches über Liebe, Glück, Erfolg, Beruf, Karriere und Gesundheit. Das I Ging sagt keine vorherbestimmte Zukunft voraus, sondern es kann Ihnen helfen, die richtigen Entscheidungen zu treffen. Es erläutert in 64 Hexagrammen psychologische Situationen und die möglichen Wandlungen, die in ihrer jeweiligen Natur liegen. Das I Ging zeigt in bildhafter Form auf, in welche Richtung die Zukunft tendiert.

DER BERÜHMTE PHILOSOPH KONFUZIUS VERFASSTE UM 500 VOR CHRISTUS UMFANGREICHE KOMMENTARE ZUM GROSSEN BUCH DER WANDLUNGEN. DIESES BUCH KOMMT IN SEINER BEDEUTUNG DER BIBEL ODER DEM KORAN GLEICH.

Traditionell benutzt man für das I Ging chinesische Bronzemünzen. Ganz alltägliche Geldstücke erfüllen jedoch auch ihren Zweck.

SECHS WÜRFE GENÜGEN, UM DAS I GING ZU BEFRAGEN

✷ Zum Befragen des I Ging benötigen Sie drei Münzen. Achten Sie darauf, immer die gleichen Geldstücke zu verwenden, damit sich Ihre persönlichen Schwingungen auf die Münzen übertragen. Um den Kontakt zwischen sich und den Münzen herzustellen, halten Sie sie vor jeder Sitzung einige Minuten in der dominierenden Hand. Das ist bei Rechtshändern die rechte, bei Linkshändern die linke.

✷ Begeben Sie sich zur I-Ging-Sitzung alleine oder mit dem Partner in einen ruhigen Raum und sorgen Sie zunächst für einige Minuten der Entspannung und Meditation. Räucherstäbchen oder Duftlampen können Ihnen zur nötigen Ruhe und Einkehr verhelfen.

I-GING-ORAKEL

✷ Sie konzentrieren sich nun ausschließlich auf diejenige Frage, von der Sie sich durch das Orakel eine Antwort erhoffen und die Sie vorher klar formuliert und möglicherweise niedergeschrieben haben. Sie nehmen Ihre drei Münzen in die geschlossenen Hände, schütteln sie einige Male und werfen dann alle drei Münzen auf den Tisch gleichzeitig vor sich. Jeder Wurf wird bildlich in eine Linie umgesetzt (siehe »So wandeln Sie die Würfe in Linien«). Drei dieser Linien ergeben ein Trigramm, und zwei Trigramme bilden sodann ein Hexagramm, das Ihnen Aufschluß über Ihre Zukunft gibt.

DIE VORDERSEITE DER CHINESISCHEN MÜNZE (OBEN) VERKÖRPERT YANG, DIE RÜCKSEITE (UNTEN) STEHT FÜR YIN.

SO WANDELN SIE DIE WÜRFE IN LINIEN

3 VORDERSEITEN
WANDEL-YANG

3 RÜCKSEITEN
WANDEL-YIN

2 VORDERSEITEN, 1 RÜCKSEITE
YANG

1 VORDERSEITE, 2 RÜCKSEITEN
YIN

✷ Der erste Wurf ergibt die unterste Linie des Hexagramms. Werfen Sie noch weitere fünf Mal und bauen Sie so Ihr Hexagramm auf. Wenn Sie alltägliche Münzen benutzen, steht die Zahl für die Vorderseite = Yang; die Rückseite steht für Yin.

✷ Die Mehrzahl der erhaltenen Münzsymbole bei einem Wurf zeigt die Orientierung der Schwingungen – Yin oder Yang – an. Drei gleiche Symbole kennzeichnen allerdings den Wandel, so daß sich die eigentliche Orientierung in ihr Gegenteil verkehrt. Drei Vorderseiten – Yang – wandeln sich zu Yin. Das heißt, der eigentlich zu Yang gehörige, nicht unterbrochene Strich wird zu einem unterbrochenen Strich (Yin) und umgekehrt.

✷ Wenn Sie ein Wandelzeichen geworfen haben, ändern Sie die Linie in ihr Gegenteil um. Das sich dadurch ergebende Hexagramm bezieht sich auf ihre Zukunft, das ursprüngliche auf ihre Gegenwart.

✷ Lassen Sie zwischen dem unteren und dem oberen Trigramm eine Leerzeile – sie erleichtert Ihnen anschließend die Suche nach der Nummer in der Hexagramm-Tabelle.

SIE WERFEN DIE MÜNZEN INSGESAMT SECHSMAL – DESHALB HEISST DIE ENTSTEHENDE FIGUR HEXAGRAMM (HEXA = SECHS, GRAMMA = ZEICHEN).

SO FINDEN SIE IHR HEXAGRAMM

Oberes Trigramm / Unteres Trigramm	☰	☷	☳	☵	☶	☴	☲	☱
☰	1	11	34	5	26	9	14	43
☷	12	2	16	8	23	20	35	45
☳	25	24	51	3	27	42	21	17
☵	6	7	40	29	4	59	64	47
☶	33	15	62	39	52	53	56	31
☴	44	46	32	48	18	57	50	28
☲	13	36	55	63	22	37	30	49
☱	10	19	54	60	41	61	38	58

✷ In der linken, senkrechten Spalte finden Sie das untere Trigramm, in der oberen, waagrechten Spalte Ihr oberes Trigramm. Im Kreuzungspunkt der Linien, die von diesen Darstellungen ausgehen, finden Sie die Ihrem Hexagramm zugehörige Zahl.

✷ Lesen Sie nun nach, welche Antwort Sie auf Ihre Frage, die Sie während des Werfens gestellt haben, bekommen und wie sie Ihre weitere Zukunft und Ihr Schicksal beeinflussen wird.

BEDEUTUNG DER HEXAGRAMME

1. KIËN = DIE SCHÖPFERISCHE KRAFT

Eine außergewöhnliche Zeit steht Ihnen bevor. Große Energie wird Ihnen zuteil. Ihr körperliches und seelisches Wohlbefinden steigert sich von Tag zu Tag. Nutzen Sie diese Chance und gehen Sie jetzt schwierige Aufgaben an. Sie werden sie zu Ihrem Besten bewältigen können. Eine gute Zeit für einen Neubeginn. Der Schwerpunkt Ihrer Partnerschaft liegt in der Ausgewogenheit Ihrer Beziehung.

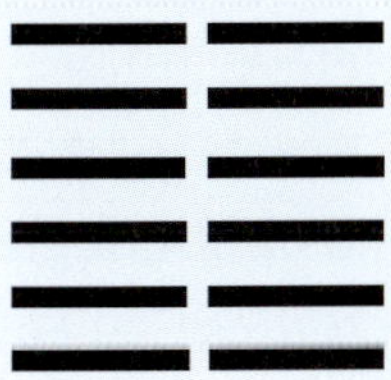

2. KUN = DAS EMPFANGENDE

Setzen Sie sich vorerst nur kleine Ziele und erwarten Sie vom Schicksal für sich und für Ihren Partner nur das Allerbeste. Beschäftigen Sie sich in Gedanken nicht zu sehr mit materiellen Dingen, das engt Sie unnötig ein. Vertrauen Sie Ihrer Intuition, die Ihnen das für Sie Angemessene zukommen lassen wird. Nehmen Sie mit hellwachen Sinnen alles auf, was Ihnen begegnet oder widerfährt.

DAS UNTERE TRIGRAMM STEHT FÜR DIE BASIS DES LEBENS, WÄHREND DAS OBERE DIE ZIELE SYMBOLISIERT.

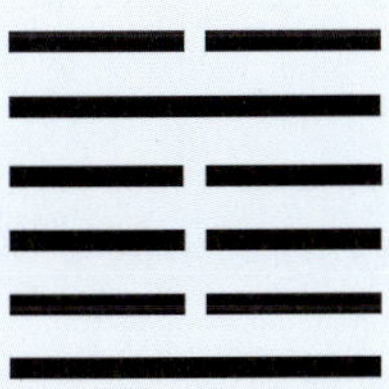

3. DSCHUN = DIE ANFANGSSCHWIERIGKEIT

Nicht alles, was wie ein Geschenk aussieht, ist auch ein solches. Nehmen Sie neue Herausforderungen an, verlassen Sie sich nicht zu sehr darauf, daß Ihnen die schönen Dinge des Leben von selbst zufliegen. Gedulden Sie sich einige Wochen, bis dahin haben sich die düsteren Wolken verzogen, und Ihr Weg wird wieder klar. Unentschlossenheit und widersprüchliche Gedanken lassen sich überwinden.

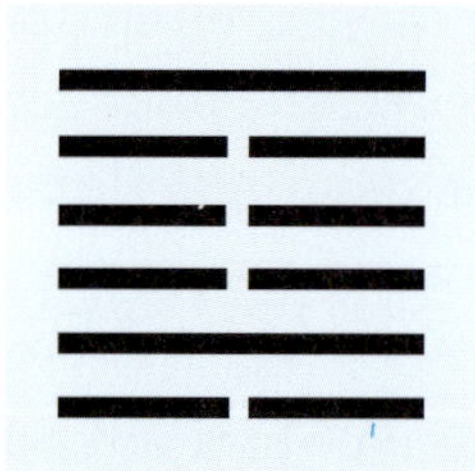

4. MONG = DIE UNERFAHRENHEIT

Nehmen Sie den Rat eines älteren Menschen an. Sie können von seinen Erfahrungen nur profitieren. Besinnen Sie sich des weiteren auf das, was Sie können, auf Ihre eigenen Talente und Kenntnisse. Das ist eine gute Ausgangsbasis für weitere Entscheidungen. In der Partnerschaft sollten Sie mehr Einfühlungsvermögen zeigen, damit es nicht immer wieder zu Auseinandersetzungen kommt, die Ihre Beziehung unnötig belasten.

DAS UNTERBEWUSSTSEIN IST DER GRÖSSTE DATENSPEICHER DES MENSCHEN. DOCH NICHT ZAHLEN ODER BUCHSTABEN WERDEN HIER VERARBEITET, SONDERN BILDER. DAS I-GING-ORAKEL RUFT SIE IN IHR BEWUSSTSEIN.

5. SÜ = DAS WARTEN

Rom wurde auch nicht an einem Tag erbaut – das sollten Sie sich immer vor Augen halten, wenn eine Sache sich nicht gleich so entwickelt, wie Sie es gerne hätten. Das gilt auch für die Partnerschaft, für den Umgang mit Kollegen, Freunden und Nachbarn. Geduld ist eine sehr schwer zu erwerbende Eigenschaft, dennoch hilft sie, mit den Stolperfallen des Lebens besser fertig zu werden.

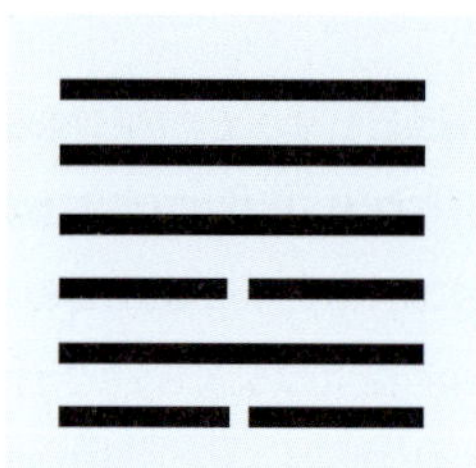

6. SUNG = DER KONFLIKT

Es gibt einen Menschen, der Ihnen nicht wohlgesonnen ist. Er ist in Ihrem unmittelbaren Bekanntenkreis zu finden. Lassen Sie sich daher nicht zu unüberlegten Äußerungen hinreißen. Setzen Sie sich nicht zu sehr unter Druck, genießen Sie die Natur, beobachten Sie den Himmel, die Vögel, den Sonnenauf- und -untergang. Werfen Sie seelischen Ballast ab und nehmen Sie sich so an, wie Sie sind. Schon nach kurzer Zeit werden Sie merken, daß Ihre Probleme gar nicht so schwerwiegend sind, wie Sie glauben. Sie lassen sich lösen.

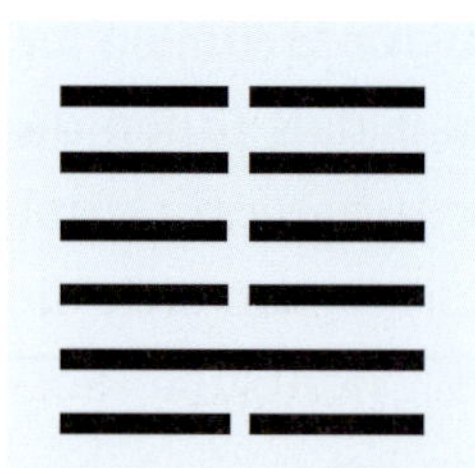

7. SCHÏ = DIE GESAMMELTE KRAFT

Ihre Energie ist derzeit geradezu unerschöpflich. Sie müssen sie nur in richtige Bahnen lenken, sonst könnte sie Ihnen zum Nachteil gereichen, und Sie würden sich selbst blockieren. Im beruflichen Bereich wird Ihre Leistungsfähigkeit große Anerkennung finden.

Den Partner sollten Sie nicht zu sehr einbeziehen, da er mit Ihnen in dieser Phase wahrscheinlich nicht Schritt halten kann. Das könnte zu unnötigen Konflikten führen.

DAS I GING MACHT KEINE AUSSAGEN ÜBER DIE DINGE AN SICH, SONDERN ZEIGT BEWEGUNGS-TENDENZEN AUF.

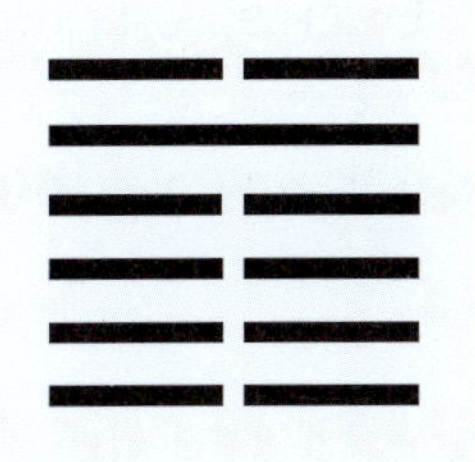

8. BI = DIE EINHEIT

Jetzt ist eine gute Zeit für Gespräche mit dem Partner und anderen Ihnen nahestehenden Menschen. Ungeklärte Situationen, unterdrückte Gefühle, mißliche Irritationen und unerquickliche Mißverständnisse können nun ausgeräumt werden. Bestehende Gefühle vertiefen sich, Trennungsängste erweisen sich als unbegründet. Nutzen Sie Ihr positives Selbstwertgefühl und überdenken Sie Ihre eingenommene Position. Verschaffen Sie sich Klarheit über die Motive Ihres Handelns. Das wird Ihnen bei zukünftigen Entscheidungen zugute kommen. Finden Sie die Umgebung, die Ihr Leben bereichert.

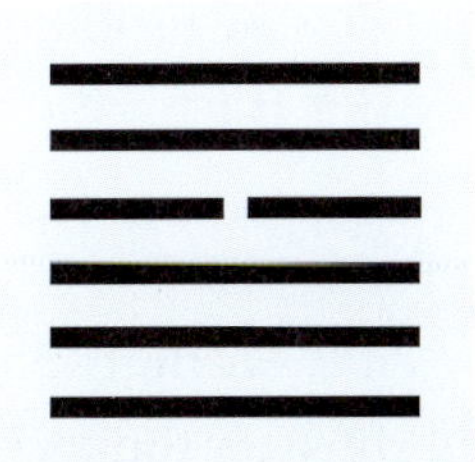

9. SIAU TSCHU = DIE ZURÜCKHALTUNG

Nun mal langsam, manche Dinge müssen sich einfach von selbst entwickeln und bedürfen nicht Ihres Eingreifens, sondern Ihrer Geduld. Schreiben Sie den Menschen, die Ihnen nahestehen, nicht alles vor. Das würde man Ihnen übelnehmen. Jeder hat das Recht auf seine eigene Persönlichkeit und freie Entfaltung. Ein klärendes Gespräch in entspannter Atmosphäre könnte Ihnen neue Erkenntnisse bringen und Ihnen das Leben in Zukunft leichter machen.

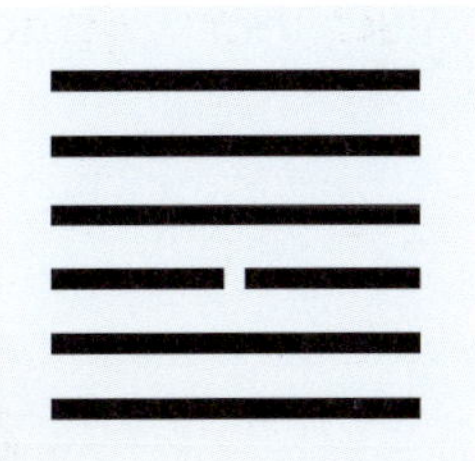

10. LÜ = DIE VORSICHTIGE LEBENSFÜHRUNG

Lassen Sie sich nicht immer von äußeren Zwängen leiten, sondern verlassen Sie sich auf Ihre innere Stimme. Hören Sie öfter in sich hinein. Die beste Voraussetzung dafür, Kontakt mit Ihrem wahren Selbst aufzunehmen, finden Sie in vollkommener Stille, ohne äußere Ablenkung. Vermeiden Sie daher die alltägliche, fast schon zur Gewohnheit gewordene Reizüberflutung. Nehmen Sie sich regelmäßig Zeit für sich selbst. Dadurch erlangen Sie mehr Gefühl für den Wert anderer Menschen. Schreiten Sie mit Bedacht immer weiter vorwärts.

11. TAI = DER FRIEDE

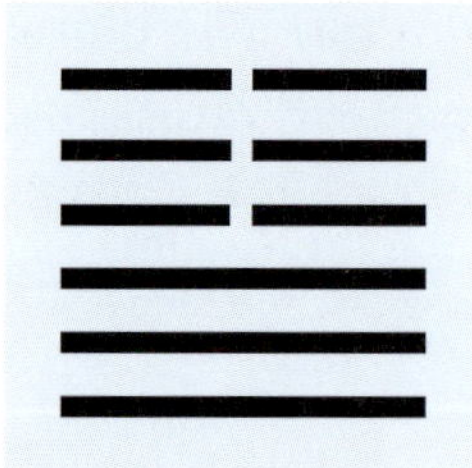

Die starke Übereinstimmung mit Ihrem Partner schafft große Nähe. Sie befinden sich in Harmonie mit sich und Ihrer Umwelt. Die momentanen beruflichen Schwierigkeiten sind bald überstanden – ein guter Grund, sich zu freuen. Verlieren Sie jetzt den Mut nicht, denn Ihre Standhaftigkeit und Ihre Beharrlichkeit werden sich lohnen. Finanzielle Transaktionen stehen jetzt unter einem guten Stern. Ihre Einigkeit mit dem Kosmos wirkt sich auf alle Lebensbereiche aus.

12. PI = DIE STOCKUNG

Uneinsichtiges Verhalten bringt Sie nicht weiter. Denken Sie nach, verteidigen Sie keine unhaltbaren Positionen, mit denen Sie nur bestehende Brücken zerstören würden. Nehmen Sie hin, was geschieht, und lernen Sie daraus. Es ist niemals zu spät, Dinge aus einer anderen Perspektive heraus zu betrachten. Sie sind unzufrieden mit sich selbst und der Umwelt. Wenn Sie ein Problem nach dem anderen lösen, führt Sie das zurück auf den Weg der Harmonie.

13. TUNG JEN = DIE GEMEINSCHAFT

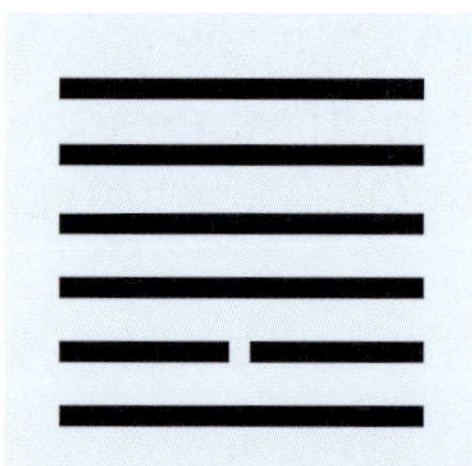

Bei allem, was Sie denken und tun, müssen Sie sich immer vor Augen halten, daß Sie nicht alleine auf der Welt sind. Sie hätten sich ohne andere Menschen nie so entfalten oder Ihre Ziele erreichen können. Seien Sie optimistisch, denn auf Ihrem weiteren Lebensweg wird Ihnen wahrscheinlich alles, was Sie in Angriff nehmen, gelingen – nicht immer so, wie Sie es sich vorstellen, aber doch zu Ihrem Besten.

VERSTEHEN SIE DAS I-GING-ORAKEL NICHT NUR ALS WEISSAGUNG, SONDERN AUCH ALS MEDITATION. ES SOLL DAZU DIENEN, IHR BEWUSSTSEIN AUF DIE LEBENSPHASE, IN DER SIE SICH BEFINDEN, ZU RICHTEN.

14. DA YU = DER GROSSE BESITZ

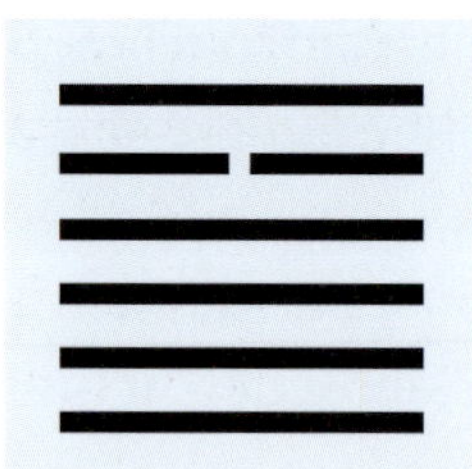

Je bescheidener Sie sich geben, desto mehr Achtung wird Ihnen zuteil und um so mehr Erfolg werden Sie in Ihrem Beruf haben. Sie werden sehr bald zu großem Wohlstand und Ansehen kommen. Denken Sie dabei aber auch an andere, die weniger Glück im Leben haben. Besinnen Sie sich nicht nur auf äußere, sondern auch auf innere Werte. Alles, woran Sie glauben, können Sie auch in die Tat umsetzen, wenn es guten Zwecken dient und Sie keinem Menschen damit schaden. Doch warum sollten Sie auch: Sie sind innerlich und äußerlich reich!

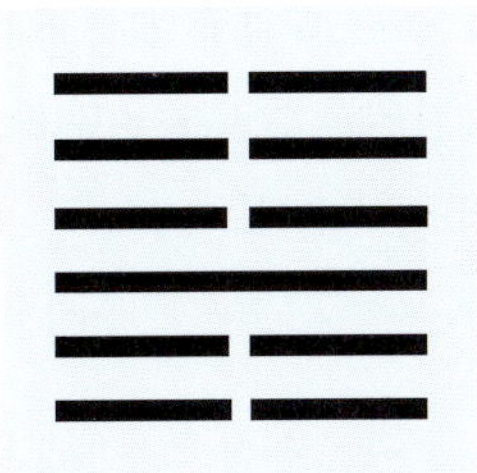

15. KIËN = DIE BESCHEIDENHEIT

Diplomatie war noch nie verkehrt. Denken Sie in der nächsten Zeit daran. Lassen Sie nicht zu, daß Ihre innere Unruhe sich auf andere Menschen überträgt. Vor allem Ihren Partner sollten Sie damit verschonen. Nehmen Sie mehr Rücksicht, auch wenn es Ihnen schwer fällt. Schon bald wird eine Wandlung zum Besseren eintreten. Verhalten Sie sich gegenüber jedem Menschen aufrichtig und bringen Sie ihm große Achtung entgegen. Man wird es Ihnen danken. Es werden am Ende Ihre eigenen Schwächen sein, die Ihnen den Weg zur Vollkommenheit weisen.

JEDE DEUTUNG BIRGT EINE GESAMTAUSSAGE. FASSEN SIE DIESE IN EINEN KURZEN SATZ ZUSAMMEN, ETWA »ICH BIN RUHIG UND GELASSEN«. DIESE SUGGESTION WIEDERHOLEN SIE MEHRMALS TÄGLICH, BIS SIE SICH IN IHR BEWUSSTSEIN EINGEPRÄGT HAT.

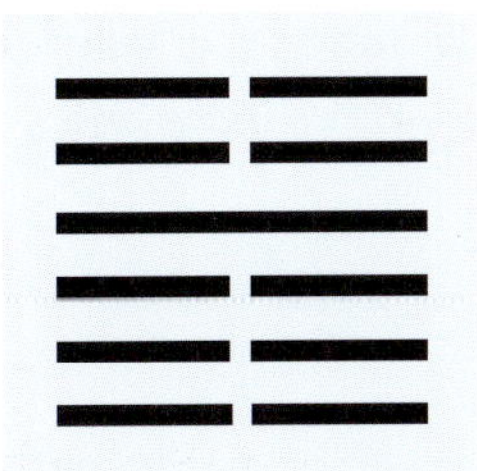

16. YÜ = DIE BEGEISTERUNG

Freuen Sie sich, die dunklen Tage liegen hinter Ihnen. Eine wichtige Person, die sehr große Stücke auf Sie hält, ist auf Ihre Stärken aufmerksam geworden. Eine gute Zeit liegt vor Ihnen, Ihr Partner schätzt Ihre Aufrichtigkeit und Ihre Toleranz. Sie sind bei neuen Projekten vom Glück begünstigt. Verstricken Sie sich aber nicht zu sehr in Kleinigkeiten, das könnte für Ihr weiteres Fortkommen hinderlich sein. Mit Begeisterung gestalten Sie aktiv Ihre Zukunft.

17. SUI = DIE ANPASSUNG

Trauen Sie Ihren Ideen und bleiben Sie ihnen und sich selbst treu. Lassen Sie sich durch äußere Umstände nicht zu sehr verwirren. Geben Sie sich in den nächsten Wochen mit kleineren Siegen und Erfolgen zufrieden, denn diese werden viel größere nach sich ziehen. Viele Menschen werden Ihren Rat einholen, weisen Sie sie nicht ab. Denken Sie daran, daß auch Sie selbst einmal Rat und Hilfe brauchen. Jede Minute, die Sie für andere aufgewendet haben, wird sich eines Tages als Gewinn erweisen. Erfahren Sie Ihre eigene innere Ruhe als Quelle der Kraft.

DAS UNTERBEWUSSTSEIN SPRICHT IN BILDERN. ÜBER DAS I GING UND DIE ENTSTEHENDEN FIGUREN ERHALTEN SIE ZUGANG ZU DEN BOTSCHAFTEN IHRES SELBST.

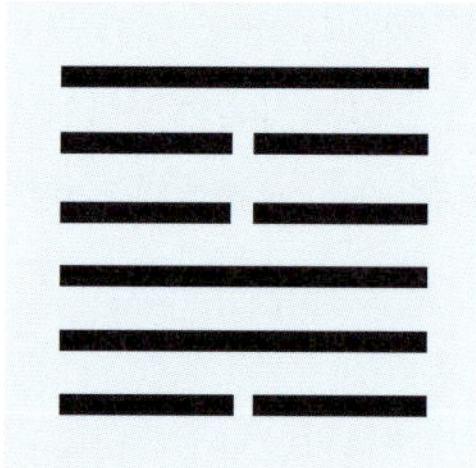

18. GU = DIE ERNEUERUNG

Es werden viele persönliche Veränderungen auf Sie zukommen. Gehen Sie in Gedanken zurück zu den Quellen Ihrer Fehler und ziehen Sie Ihre Lehren daraus. Lassen Sie sich durch nichts entmutigen, mögen die Widerstände auch noch so unüberwindbar erscheinen. Es tritt all das in Ihrem Leben ein, was Ihnen bestimmt ist und Ihnen hilft, Fähigkeiten und Talente zu entfalten. Werden Sie sich über Ihre Wünsche klar und verwirklichen Sie diese.

19. LIN = DIE ANNÄHERUNG

Sie haben durch einen glücklichen Umstand eine Position erreicht, von der Sie bisher nur zu träumen wagten. Ihre Fähigkeiten wurden und werden endlich erkannt und anerkannt. Sie können sogar mehrere Dinge zur gleichen Zeit anpacken – und werden damit Erfolg haben, der Ihnen wiederum großes Lob bei Ihren Vorgesetzten einbringen wird. Mit Zielstrebigkeit erreichen Sie alles. Aber Achtung: Versuchen Sie, in Ihrer Partnerschaft nicht immer zu dominieren.

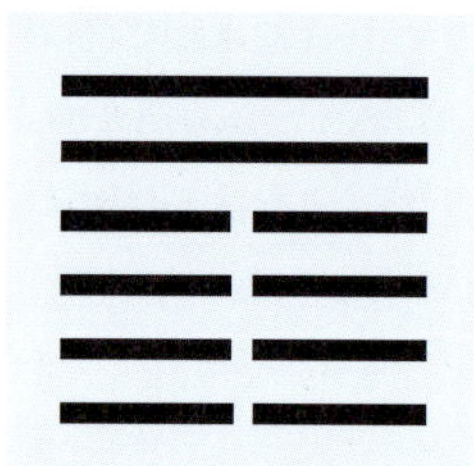

20. GUAN = DIE BETRACHTUNG

Eine ruhige Phase beginnt. Sie wird etwa vier Wochen anhalten. Jetzt ist der ideale Zeitpunkt gekommen, eine Bestandsaufnahme Ihres bisherigen Lebens zu machen. Betrachten Sie Ihre Ziele und Träume, aber auch Ihre Fehlentscheidungen. Versöhnen Sie sich mit sich selbst, daraus erwächst in Ihnen die Kraft, Ihre Zukunft konstruktiv zu gestalten. Tun Sie alles, um Ihre Pläne und Wünsche zu verwirklichen. Das Schicksal meint es gut mit Ihnen.

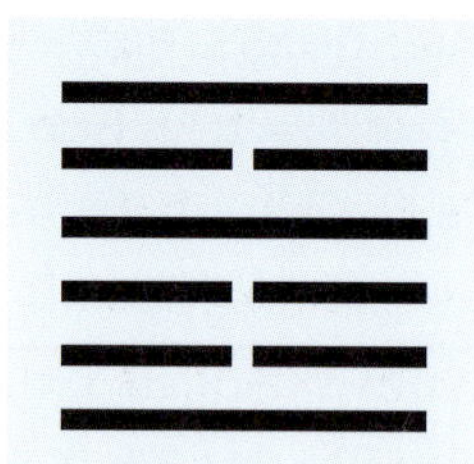

21. SCHÏ HO = DAS DURCHBEISSEN

Kein Problem löst sich von selbst. Das werden Sie heute oder in den nächsten Tagen an sich selbst erfahren müssen. Sehen Sie in den Widerständen aber keine unüberwindbaren Hindernisse. Sie können mit allen Problemen fertig werden, wenn Sie Ihr Engagement verstärken. Die Kraft, eine schwierige Aufgabe zu bewältigen, kommt mit dem Handeln. Sie werden feststellen, daß Sie durch viele Schwierigkeiten wachsen und hilfreiche Erfahrungen gewinnen. Vermeiden Sie es aber, beim nächsten Mal die gleichen Fehler zu begehen.

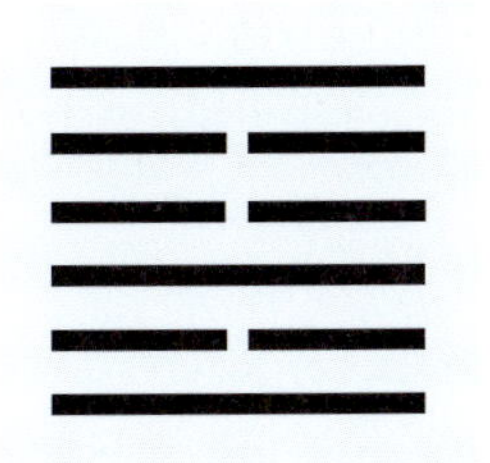

22. BI = DIE ANMUT

Schwerwiegende Entscheidungen sollten Sie jetzt nicht treffen. Besser ist es, sich an den schönen Dingen des Lebens zu erfreuen. Nehmen Sie sich Zeit dafür. Entdecken Sie die vielfältigen Formen und Farben in der Natur, öffnen Sie sich allem Schönen, das Ihnen begegnet. Es wird Ihre Sinne schärfen und Ihre Kreativität anspornen. Erstreben Sie Vollkommenheit, auch wenn Sie sie nicht erreichen werden. Ihre wichtigste Devise: Ich bin innerlich und äußerlich schön.

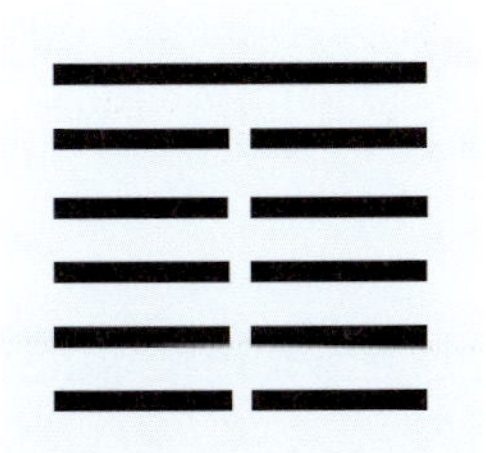

23. BO = DIE ZERSPLITTERUNG

Es wird ein Umbruch in Ihrem Leben stattfinden. Sie müssen Abschied nehmen von lieben Gewohnheiten. Die Phase der Harmonie ist zu Ende. Nehmen Sie die Veränderungen gelassen hin, akzeptieren Sie sie. Bejahen Sie diese Zeit, in der Sie sehr stark mit Ihren Gefühlen konfrontiert werden. Wenn Sie in Ihrer Partnerschaft immer nur Zugeständnisse machen müssen, sollten Sie die Verbindung noch einmal überdenken. Fügen Sie sich in das, was auf Sie zukommt, aber verwechseln Sie notwendige Ruhe nicht mit Faulheit und das Annehmen Ihres Schicksals nicht mit Gleichgültigkeit. Bleiben Sie weiterhin aktiv.

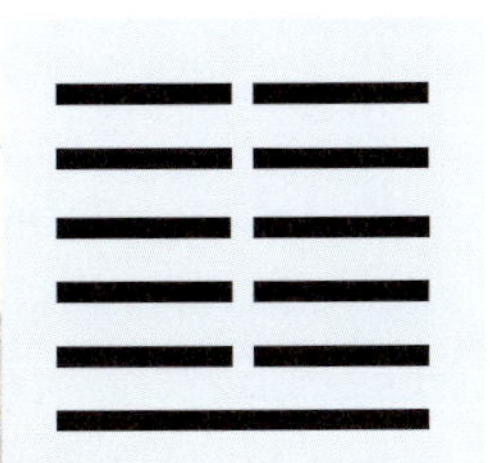

24. FU = DER NEUBEGINN

Die schwierige Zeit ist vorbei, jetzt kommt viel Neues auf Sie zu. Interessante Möglichkeiten tun sich auf. Überstürzen Sie aber nichts, warten Sie geduldig ab und sammeln Sie Ihre Kräfte. Wenn der richtige Zeitpunkt gekommen ist, ergibt sich alles von selbst. Sie werden Ihre Gesundheit stärken, mit einem Menschen Freundschaft schließen und die erforderliche Klarheit finden. Sehen Sie diesen neuen Entwicklungen mit Freude und Mut entgegen.

UM DIE VERSTÄNDIGUNG VON BEWUSSTSEIN UND UNTERBEWUSSTSEIN ZU ERMÖGLICHEN, MÜSSEN SIE SICH SEHR GUT ENTSPANNEN. ERST DANN ENTSTEHT EINE HARMONIE, DIE BEIDE ZUSTÄNDE AKTIVIERT.

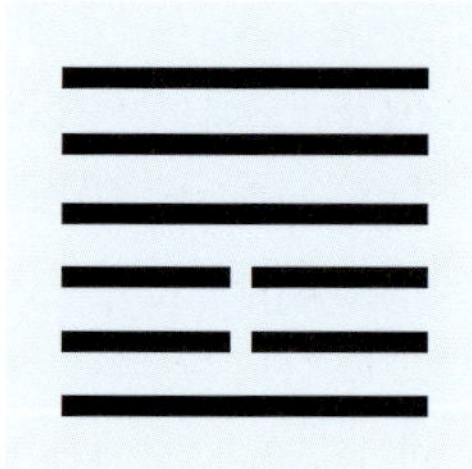

25. WU WANG = DIE UNSCHULD

In Liebesangelegenheiten wird es einige Aufregungen geben. Mit Geduld und Einfühlungsvermögen gelingt es Ihnen jedoch, die Wogen zu glätten. Sehen Sie nicht immer auf Ihren Vorteil, handeln Sie aus dem Bauch heraus. Versuchen Sie, mit der Unschuld eines Kindes zu denken, zu erfahren, zu begreifen. Bewahren Sie aber auch Ihre eigene Unschuld und tun Sie die Dinge um ihrer selbst willen.

26. DA TSCHU = DIE ANGESAMMELTE KRAFT

Das Leben ist ein ständiger Lernprozeß. Sie wissen daher, daß man den gesteckten Grenzen Rechnung tragen muß. Benutzen Sie Ihren Verstand und gehen Sie besonnen daran, Ihre Kenntnisse richtig einzusetzen. Vertrauen Sie sich selbst und Ihrer Intelligenz. Sie wird Ihnen helfen, schwierige Aufgaben zu lösen. Jeder Lernschritt vergrößert Ihre Kenntnisse und Ihre Weisheit.

DAS I-GING-ORAKEL KANN IHNEN EIN WICHTIGER RATGEBER IN ALLEN LEBENSLAGEN SEIN. STELLEN SIE JEDOCH NUR WIRKLICH ERNSTGEMEINTE FRAGEN. AUS PURER NEUGIERDE LÄSST SICH DAS UNTERBEWUSSTSEIN NICHT MOBILISIEREN.

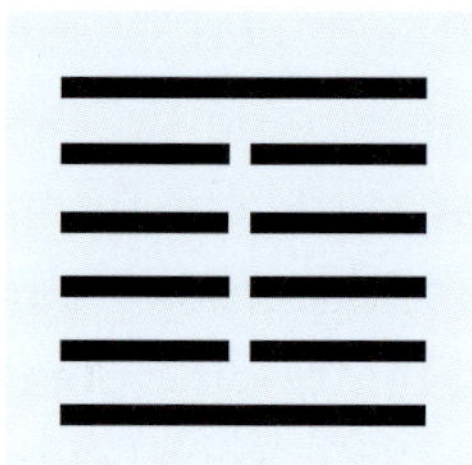

27. I = DIE ERNÄHRUNG

Nicht nur die körperliche Ernährung ist wichtig, auch die geistige. Achten Sie daher auf alles, was Sie zu sich nehmen. Lassen Sie nur positive Gedanken zu, überprüfen Sie jede Idee, bevor Sie sie übernehmen. Häufen Sie keinen geistigen Unrat in sich auf, er würde Ihre Weiterentwicklung behindern. Die richtige Nahrung ist das A und O des geistigen und körperlichen Wohlbefindens. Setzen Sie Ihre guten Vorsätze in die Tat um und ernähren Sie sich gesünder.

28. DA GO = DAS ÜBERMASS

Sie haben schon erlebt, daß Sie in Krisenzeiten große Kräfte entwickelten, mit denen Sie alle Schwierigkeiten meistern konnten. Ungewöhnliches gelingt Ihnen, wenn Sie Ihre Energie in die rechte Bahn lenken. Besinnen Sie sich auf Ihre einstigen Erfahrungen und Ihre innere Überzeugung, daß Sie aus jeder Situation das Beste machen können. Geben Sie äußerem Druck nach, das ist kein Zeichen von Schwäche.

29. KAN = DIE GEFAHR

Anfechtungen von außen kommen auf Sie zu. Durch Ihr persönliches Geschick können Sie jedoch jeden Ihrer Gegner besiegen und dann für Ihre Ziele einsetzen. Wenn Sie sich und Ihren Grundsätzen treu bleiben, meistern Sie die schwierigsten Situationen. Denken Sie über Ihr Leben nach und gehen Sie in sich. Mit Ausdauer und Geduld erreichen Sie das, was Sie sich vorgestellt haben. Nicht andere sind für Ihr Glück zuständig, sondern nur Sie selbst.

30. LI = DAS FEUER

Wenn Sie sich Zeit lassen, helfen Ihnen Gelassenheit und klare Gedankengänge, verwirrende Perspektiven zu klären und Licht in dunkle Zusammenhänge zu bringen. Versuchen Sie aber, zwischen Illusionen und der Realität zu unterscheiden, und stellen Sie Ihr eigenes Wollen in den Hintergrund. Sie können keine Veränderung erzwingen. Warten Sie ab und lassen Sie die Dinge geschehen. Alles wird sich fügen, wenn Sie Ihr Unterbewußtsein für sich wirken lassen.

ANALOG ZU DEN NATURGESETZEN ERGEBEN SICH AUS DEM I GING 64 HEXAGRAMME. SIE STEHEN MIT DEN 64 DNS-MOLEKÜLKETTEN IN VERBINDUNG, MIT DENEN JEDER MENSCH GEBOREN WIRD.

31. HIËN = DIE ANZIEHUNG

Jetzt ziehen Sie die Erfolge an, die Sie sich bisher nicht vorstellen konnten. Setzen Sie Ihre Fähigkeiten aber nicht zum Nachteil anderer ein. Geben Sie Ihren Wünschen nicht zu impulsiv nach. Öffnen Sie sich für Ihren Partner und vertrauen Sie der Sprache Ihres Herzens. Es wird Ihnen die richtigen Worte eingeben.

32. HONG = DIE DAUER

Machen Sie sich nicht zu viele Sorgen. Stellen Sie sich nicht vor, was in Zukunft für Schwierigkeiten und Probleme auf Sie zukommen werden. Jeder Mensch erhält nur so viel aufgebürdet, wie er tragen kann. Halten Sie einmal Erreichtes nicht zu krampfhaft fest, Sie könnten es dadurch erst recht verlieren. Ordnen und überprüfen Sie Ihre Prinzipien, dann wird sich auch Ihr Leben ändern.

33. DUN = DER RÜCKZUG

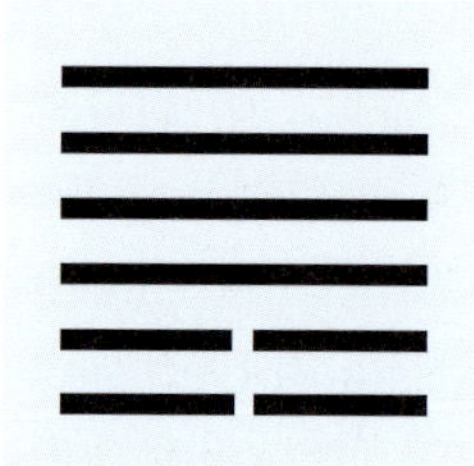

Zu kühnes Drauflosgehen brächte Ihnen jetzt mehr Schaden als Nutzen. Besser wäre es, wenn Sie sich für einige Zeit von allen Aktionen zurückziehen würden. Taktisches Vorgehen bringt mehr als Auseinandersetzung und Konfrontation. Ein Rückzug hilft Ihnen, neue Kräfte zu sammeln und weitere Aktionen in Ruhe zu planen und vorzubereiten. Sie dürfen sich nur nicht umstimmen lassen.

34. DA DSCHUANG = DIE GROSSE KRAFT

Bleiben Sie jetzt maßvoll, nachsichtig und flexibel, auch dann, wenn Ihnen eine neue berufliche Position angeboten wird. Arbeiten Sie mit Ihren Kollegen zusammen und nicht gegen sie. Das könnte Ihnen auf längere Sicht sehr schaden. Erkennen Sie Ihre Schwächen und akzeptieren Sie sie. Nur dann können Sie auch die Fehler anderer tolerieren und werden Ihre Stellung niemals mißbrauchen.

UNSERE SCHNELLEBIGE, VON VIELEN REIZEN GEPRÄGTE ZEIT VERSCHLIESST UNSERE SINNE FÜR DIE LEISE STIMME DES UNTERBEWUSSTSEINS. DIE AUSEINANDERSETZUNG MIT DEM I GING KANN IHNEN ZU INNERER EINKEHR UND ENTSPANNUNG VERHELFEN.

35. DSIN = DER FORTSCHRITT

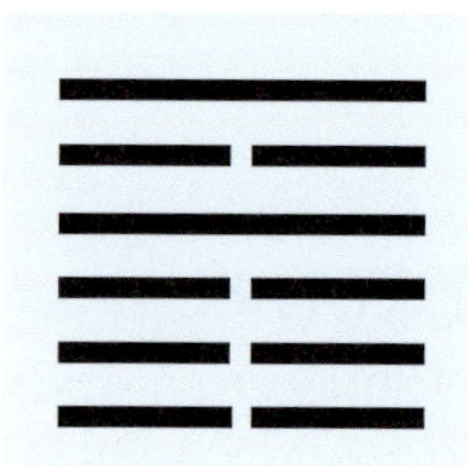

Eine erfüllte Zeit bricht für Sie an. Ungewöhnliche Situationen lassen sich ohne Schwierigkeiten meistern, viele Dinge werden sich über kurz oder lang in Ihrem Sinne entwickeln. Sie gewinnen das Vertrauen eines für Sie wichtigen Menschen, und auch Ihr Partner ist ganz auf Ihrer Seite und unterstützt Sie in allem, was Sie beginnen oder ins Auge fassen. Geben Sie sich anderen gegenüber großherzig, dann wird man Ihnen ebenso entgegenkommen.

36. MING I = DIE VERFINSTERUNG

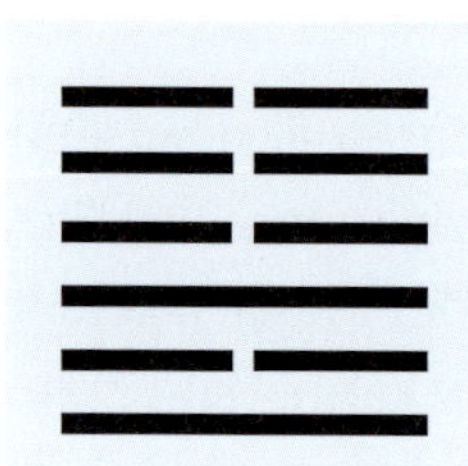

Ihre gegenwärtige Situation ist nicht so sicher, wie Sie es gerne hätten. Sie könnte sich schon in kurzer Zeit ändern. Wenn Sie einen neuen Partner kennenlernen sollten, halten Sie sich am Anfang zurück. Erwarten Sie nicht zuviel von ihm. Er spürt Ihre innere Unsicherheit und ist daher von Ihren Aussagen wenig überzeugt. Seien Sie eher verschlossen und sprechen Sie auf keinen Fall zu persönliche Dinge an.

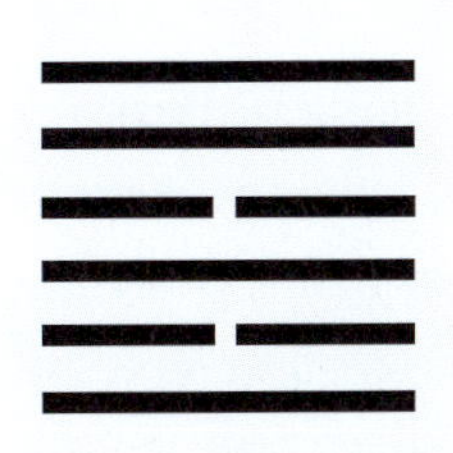

37. GIA JEN = DIE FAMILIE

Sprechen Sie mit Ihrem Partner und finden Sie heraus, in welchen Punkten Sie sich besonders gut ergänzen. Stellen Sie sich wichtige Fragen über Ihre Stellung in der Partnerschaft: Will ich eine Führungsposition einnehmen oder suche ich nach Geborgenheit und nach mehr Nähe? Kann oder will ich die in mich gesetzten Erwartungen überhaupt erfüllen? Sehen Sie Ihre Familie oder Partnerschaft als Quelle der Kraft an und schöpfen Sie daraus.

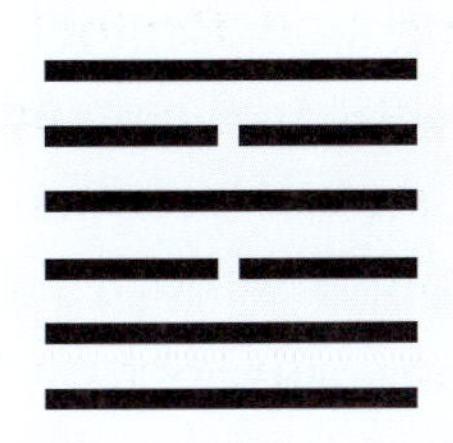

38. KUI = DER GEGENSATZ

Gegensätze gibt es immer im Leben. Sie sind lebensnotwendig und bilden eine wesentliche Voraussetzung für Reifung und Wachstum. Wenn es in diesen Tagen Meinungsverschiedenheiten zwischen Ihnen und anderen Menschen geben sollte, grübeln Sie nicht lange darüber nach. Bald wird ein einflußreicher Helfer und guter Freund auftauchen, der Ihnen hilft, das Richtige zu tun.

DIE GETEILTE LINIE SYMBOLISIERT YIN, DIE UNGETEILTE YANG. ERST BEIDE ZUSAMMEN BILDEN HARMONIE UND GLEICHGEWICHT.

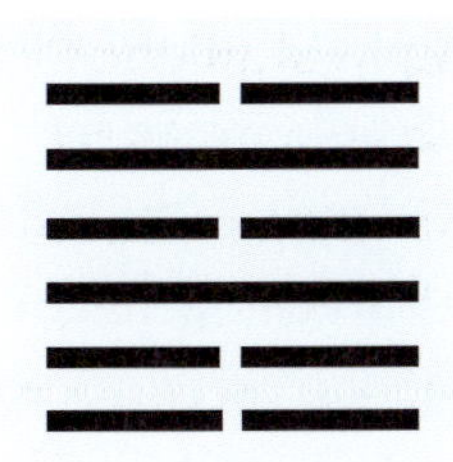

39. GIËN = DAS HINDERNIS

Es kommen Probleme auf Sie zu. Handeln Sie aber nicht zu voreilig. Warten Sie ab, bis der richtige Moment gekommen ist. Strengen Sie sich nicht zu sehr an, es wäre vergebens. Einige Ihrer Freunde werden Ihnen zu Hilfe kommen, wenn Sie sie darum bitten. Meditieren Sie, wenn Sie glauben, in einer Sackgasse angekommen zu sein. Die rechten Eingebungen werden Ihnen den Weg weisen.

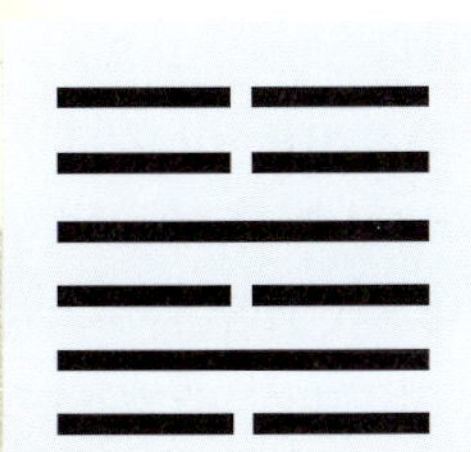

40. HIË = DIE BEFREIUNG

Hemmungen und Spannungen sind beseitigt, die Ängste haben ihren Schrecken verloren, die Verhältnisse wenden sich zum Guten. Genießen Sie die Befreiung, bleiben Sie aber bescheiden. Wenn Sie mit dem, was Sie erreicht haben, bei anderen Menschen angeben wollen, werden Sie sich viele Feinde schaffen. Sie schließen neue Freundschaften und werden viele Reisen unternehmen.

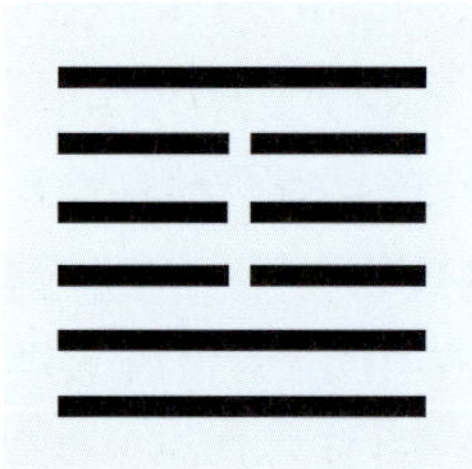

41. SUN = DIE MINDERUNG

Unmäßigkeit bringt oft Einbußen mit sich. Perspektiven werden durch das Schicksal zurechtgerückt. Nehmen Sie die Warnungen ernst und betreiben Sie Selbsterforschung. Häufig bringt der Verlust eine Erneuerung mit sich. Es wachsen Ihnen innere Kräfte, die zum Beschreiten eines neuen Weges notwendig sind. Sie erhalten Unterstützung von allen Seiten, weil Sie sie auch an andere weitergeben.

42. YI = DAS WACHSTUM

Die Saat geht jetzt auf. Greifen Sie rasch zu, solange die Früchte reif sind. Nutzen Sie die Gunst der Stunde, große Ziele können angesteuert werden. Eine innere Wandlung läßt Sie den richtigen Pfad erkennen. Irrtümer wirken nicht mehr nach. Man schätzt Ihren Rat, besonders bei schwerwiegenden Entscheidungen. Er ist für viele Menschen unentbehrlich. Seien Sie sich Ihrer Verantwortung bewußt.

DIE KERNAUSSAGE DES I GING IST, DASS ALLES EINEM STÄNDIGEN WANDEL UNTERLIEGT. DAS ERFORDERT RICHTIGE ENTSCHEIDUNGEN ZUR RICHTIGEN ZEIT. DAS I GING HILFT IHNEN, DIE ZEICHEN DER ZEIT ZU ERKENNEN.

43. GUAI = DER DURCHBRUCH

Wachsamkeit ist dringend erforderlich, denn ein Widersacher versucht Ihren Durchbruch zu verhindern. Studieren Sie die Taktik Ihres Gegners, das hilft Ihnen, ihn mit seinen eigenen Waffen zu besiegen, und nimmt seinen Aktionen die Kraft. Auch wenn die Schwierigkeiten stets aufs neue wiederzukommen scheinen, sollten Sie Ihren Weg unbeirrbar weitergehen. Entschlossenheit und Durchhaltevermögen verhelfen Ihnen schließlich zum Erfolg.

44. GOU = DAS ENTGEGENKOMMEN

Von zu engen Bindungen sollten Sie jetzt absehen. Halten Sie sowohl in der Liebe und Freundschaft als auch im Beruf Abstand zu anderen Menschen, um sich zu schützen. Rechnen Sie mit dem Eintreten unerwarteter Ereignisse, die Ihnen Steine aus dem Weg räumen werden. Auch wenn alle Gründe dafür sprechen, sollten Sie sich nicht zu unüberlegten Entscheidungen verleiten lassen.

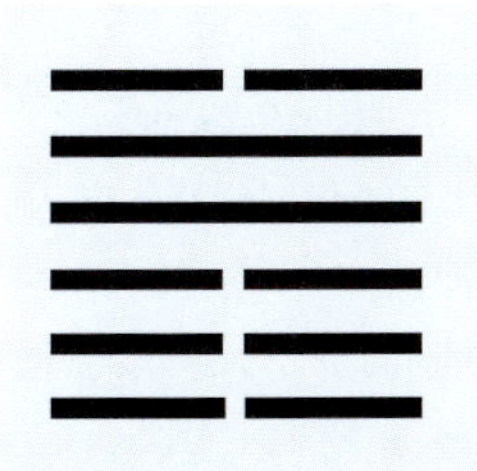

45. TSUI = DIE SAMMLUNG

Die Zeit ist reif für eine Vereinigung mit Gleichgesinnten. Sie würden sich gern jemandem anschließen, sind innerlich aber noch immer nicht richtig dazu bereit. Beraten Sie sich mit einem für Sie wichtigen Menschen. Es ist möglich, daß der Partner Ihre Wünsche durchkreuzen oder verhindern will. Das wird sich ändern, wenn Sie ihn über Ihre wahren Pläne voll und ganz informieren.

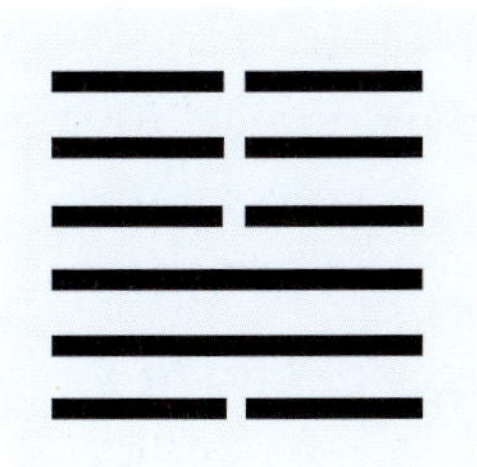

46. SCHONG = DER FORTSCHRITT

Schwäche weicht einem Gefühl der Stärke. Diese läßt die für Sie maßgebenden Menschen eine Wesensverwandtschaft mit Ihnen empfinden. Rückschläge werden Sie nicht mehr entmutigen. Gehen Sie beharrlich Schritt für Schritt weiter und bewahren Sie Ruhe. Verlassen Sie sich auf Ihre Vernunft und Ihr Empfindungsvermögen. Ein Erfolg, der auf einem Weg der kleinen Schritte beruht, ist angezeigt.

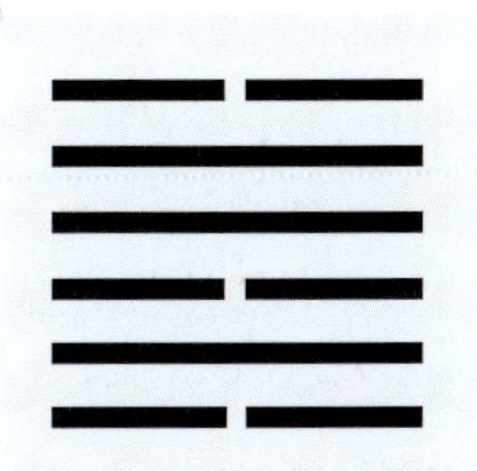

47. KUN = DIE ERSCHÖPFUNG

Sie fühlen sich im Augenblick erschöpft und kraftlos. Ihre Gedanken kreisen in Ihrem Kopf herum und suchen nach Lösungsmöglichkeiten. Entwickeln Sie Gelassenheit. Sie wird Ihnen helfen, den Weg zu ebnen, der Ihnen jetzt so steinig und gefahrvoll erscheint. Werden Sie sich Ihrer eigenen Stärke bewußt, dann geht es wieder aufwärts. Jetzt ist der richtige Zeitpunkt, um den nächsten Schritt zu tun. Mit Mut und Ausdauer werden Sie ihn bewältigen.

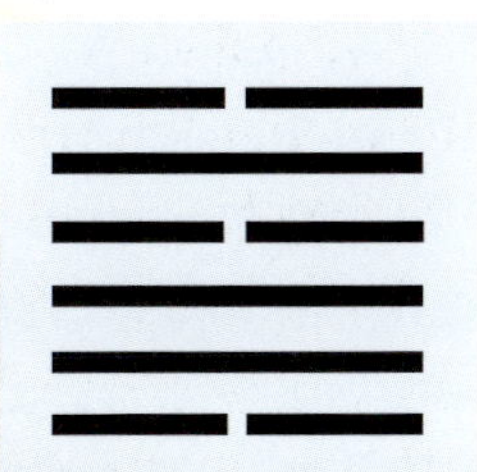

48. DSING = DER BRUNNEN

Auch wenn alles auf Stagnation hindeutet, sollten Sie die Flinte nicht vorzeitig ins Korn werfen. Nutzen Sie Ihre inneren Qualitäten, die Sie bisher nicht beachtet haben, und trennen Sie sich von Menschen, die Sie herabziehen. Der momentane Zustand läßt sich nicht gewaltsam verändern. Haben Sie Geduld, denn alle Kräfte sind in Ihnen. Je mehr Sie daraus schöpfen, desto schneller stellen sich Veränderungen ein.

ALLES UNTERLIEGT EINEM STÄNDIGEN WANDEL – DIESE KERNAUSSAGE DES I GING FINDET IN DER MODERNEN ATOMPHYSIK IHRE ENTSPRECHUNG. ÄHNLICH WIE DIE LINIEN IN DEN HEXAGRAMMEN BILDEN SICH AUCH MOLEKÜLE MIT IMMER NEUEN EIGENSCHAFTEN AUS DENSELBEN ATOMAREN GRUNDBAUSTEINEN.

INNERE RUHE UND AUSGEGLICHENHEIT SIND DIE GRUNDVORAUSSETZUNGEN FÜR DIE ORAKELBEFRAGUNG. SCHAFFEN SIE SICH EINE ANGENEHME ATMOSPHÄRE UND ACHTEN SIE DARAUF, DASS SIE NICHT GESTÖRT WERDEN.

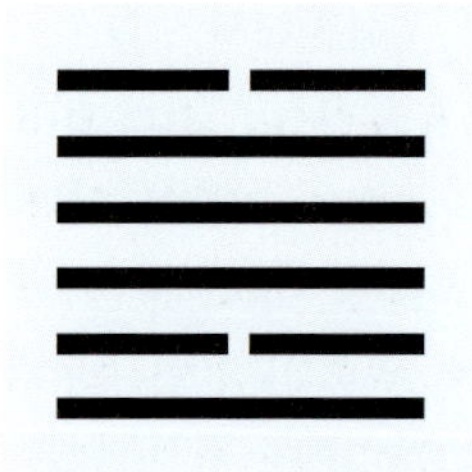

49. GO = DIE UMWÄLZUNG

Die Dinge um Sie herum sind jetzt in Bewegung und verändern sich. Eine Wandlung zum Positiven vollzieht sich. Sie sind so sehr von Ihrer Sache überzeugt, daß Sie auch andere dafür gewinnen können, denn Ihre Motive sind aufrichtig. Es werden sich neue Perspektiven für Sie eröffnen, und alles wird sich zum Guten wenden. In Kürze werden Sie sich vollkommen frei fühlen.

50. DING = DIE KOSMISCHE ORDNUNG

Es ist Zeit, Ihr Leben auf eine neue Grundlage zu stellen und die als richtig erkannten Lebensmaximen geduldig weiter zu verfolgen. Gehen Sie an Ihre Vorhaben mit aller Ihnen zur Verfügung stehenden Kraft und Energie heran, dann wird Ihnen zuteil, was Sie erstreben. Wählen Sie Ihre Helfer sorgfältig aus. Übernehmen und sagen Sie aber nicht mehr, als Sie sich zumuten und verantworten können.

51. DSCHEN = DER DONNER

Warten Sie das Gewitter besonnen ab, bevor Sie Ihren Weg fortsetzen. Ein heilsamer Umbruch ist angezeigt. Selbst wenn es jetzt weder vor noch zurück geht, ergibt sich später eine lohnende Gelegenheit. Geben Sie Ihre Wachsamkeit nicht auf und setzen Sie sich mit sich selbst auseinander, um Ihre Kräfte zum Wachsen zu bringen. Wer sich selbst überwindet und sich den Gefahren stellt, hat einen großen Schritt zur Selbstverwirklichung getan.

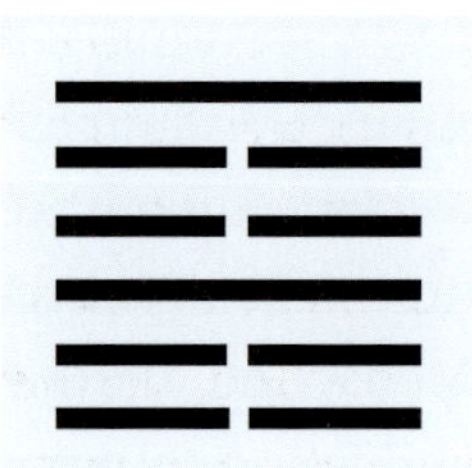

52. GEN = DIE ENTSPANNUNG

Halten Sie inne. Stillhalten heißt aber nicht, sich treiben zu lassen oder die Hände in den Schoß zu legen. Unterdrücken Sie alle Wünsche und Hoffnungen und passen Sie sich den aktuellen Gegebenheiten an. Lehnen Sie sich nicht gegen das Schicksal auf. Gute Dinge brauchen Zeit zum Reifen. Begnügen Sie sich mit dem, was Sie bisher erreicht haben. In der Ruhe liegt die Kraft.

53. DSIËN = DIE ENTWICKLUNG

Gehen Sie sorgsam vor, Schritt für Schritt und wohlüberlegt. Sie machen stetig Fortschritte, trotz aller Anfangsschwierigkeiten. Sie können in allen Lebensbereichen viel erreichen, wenn Sie nichts übereilen und sich Ihre Bescheidenheit bewahren. Erzwingen läßt sich nichts. Dieses Zeichen begünstigt eine neue Partnerschaft, eine Eheschließung oder die Zuneigung eines Menschen.

54. GUI ME = DIE UNTERORDNUNG

Lassen Sie bei allem, was Sie tun, Vorsicht walten – besonders in Partnerschafts- oder Liebesangelegenheiten. Bleiben Sie sich und dem Partner treu, auch wenn es einmal Enttäuschungen gibt. Warten Sie ab und denken Sie über Ihre weiteren Schritte gründlich nach. Überlassen Sie es Ihrem Unterbewußtsein, die richtigen Entscheidungen zu treffen. Sie können sich immer auf seine Aussagen verlassen.

DAS I GING BESCHREIBT DIE EINHEIT VON KÖRPER UND GEIST. IN DIESER LIEGT DIE MACHT DER PERSÖNLICHKEIT EINES JEDEN MENSCHEN.

55. FONG = DIE FÜLLE

Alles läuft jetzt gut und in Ihrem Sinne, es kann später sogar noch besser werden. Doch behalten Sie im Auge, daß der Zustand des Überflusses und der Ehrungen nicht ewig währt. Denken Sie jetzt auch an andere Menschen, denen es nicht so gut wie Ihnen geht. Sie können es weit bringen und eine wichtige berufliche Position erreichen. Das Glück wird jedoch nicht in jedem Fall auf Ihrer Seite sein.

56. LÜ = DIE RUHELOSIGKEIT

Besinnen Sie sich auf Ihre Ziele, auf Ihr Wissen und auf Ihr Können. Das ist Ihr persönliches Kapital, mit dem Sie zukünftig arbeiten können. Verzetteln Sie sich aber nicht, das nimmt Ihnen die Kraft, sich um das Wesentliche zu kümmern. Ihre Partner und Kollegen werden Ihnen nur wenig Vertrauen schenken, wenn Sie nicht bei der Sache sind und verworrene Konzepte anbieten, die sich nach genauer Überprüfung als unbrauchbar erweisen.

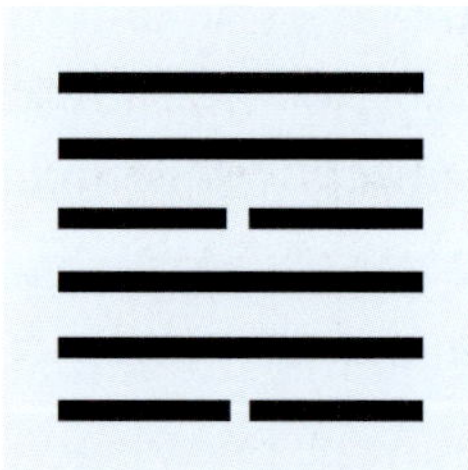

57. SUN = DIE MILDE

Man kann Menschen fordern, darf sie aber nicht überfordern. Verlangen Sie von anderen höchstens das, was Sie selbst zu tun bereit sind und bewältigen können. Jetzt ist Nachsicht in allen Bereichen gefragt: in der Partnerschaft, im Beruf und im sozialen Verhalten gegenüber Ihren Mitmenschen. Kreiden Sie anderen keine Fehler an, legen Sie Wert auf positive Formulierungen. Das motiviert und erleichtert den harmonischen Umgang miteinander.

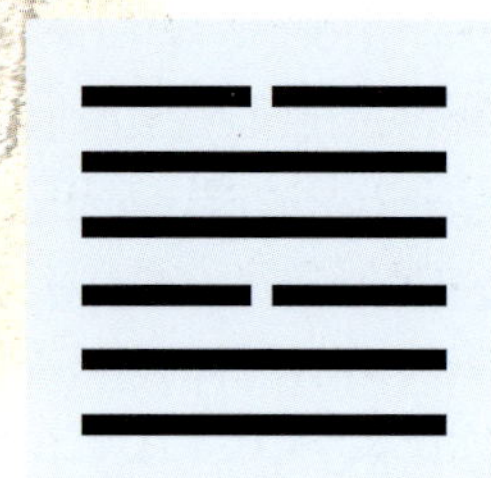

58. DUI = DIE ERMUTIGUNG

Die Entscheidungen, die Sie in der Vergangenheit getroffen haben, erweisen sich heute als richtig. Weichen Sie jetzt nicht davon ab und gehen Sie Ihren Weg weiter wie bisher. Innere Festigkeit und Stärke helfen Ihnen, oberflächlichen Vergnügungen zu widerstehen. Suchen Sie Gleichgesinnte. Sie helfen Ihnen bei Ihrer weiteren Selbstverwirklichung. Nehmen Sie die Dinge, wie sie sind. Sie können in der nächsten Zeit nichts daran ändern.

URSPRÜNGLICH DIENTE DAS I GING DAZU, DEN BAUERN DEN WANDEL DER NATUR ZU ERKLÄREN. SPÄTER WURDEN SEINE ANTWORTEN AUF DEN WANDEL DES INDIVIDUUMS UND DER GESELLSCHAFT ÜBERTRAGEN.

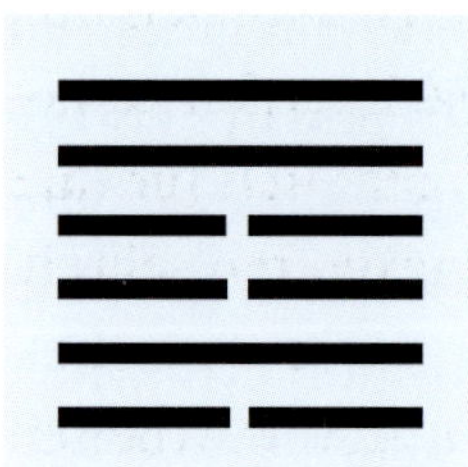

59. HUAN = DIE AUFLÖSUNG

Über kurz oder lang bahnt sich eine Trennung an: vom Partner, von einem Freund oder von der Arbeitsstelle. Noch ist es aber nicht zu spät, um Einfluß darauf zu nehmen. Mißverständnisse können noch beseitigt werden. Zur Versöhnung ist es nie zu spät. Achten Sie auch auf Ihre Finanzen und geben Sie nicht zuviel Geld aus.

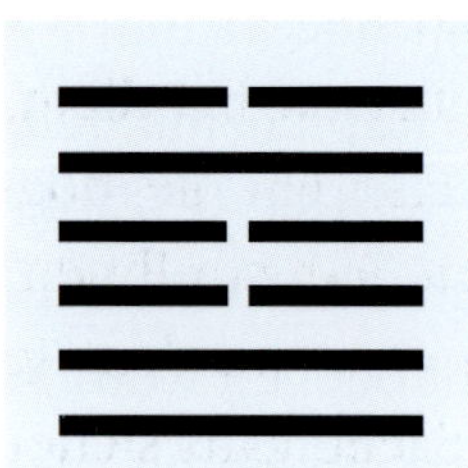

60. DSIË = DIE BESCHRÄNKUNG

Über die Sie betreffenden Dinge sollten Sie nur mit Personen sprechen, denen Sie absolut vertrauen. Äußern Sie sich nicht über zukünftige Projekte. Das wäre ein großer, nicht wiedergutzumachender Fehler. Hören Sie bei allem, was Sie tun oder wofür Sie sich entscheiden, auf Ihre innere Stimme. Sie weist Ihnen den richtigen Weg. Übervorteilen Sie niemanden, das würde Ihnen schlecht bekommen.

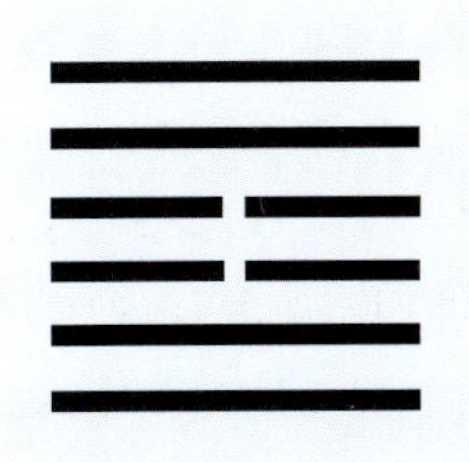

61. DSCHUNG FU = DIE EINSICHT

Legen Sie Ihre Vorurteile ab. Hüten Sie sich vor allem davor, sich selbst zu überschätzen. Verstecken Sie sich nicht hinter verwaschenen Formulierungen, sagen Sie lieber klipp und klar, was Sie denken und was Sie von anderen erwarten. Dann wird man Sie mit offenen Armen aufnehmen. Ihre Stärke liegt darin, Menschen zusammenzubringen und zu einigen – eine wichtige Eigenschaft. Nutzen Sie sie.

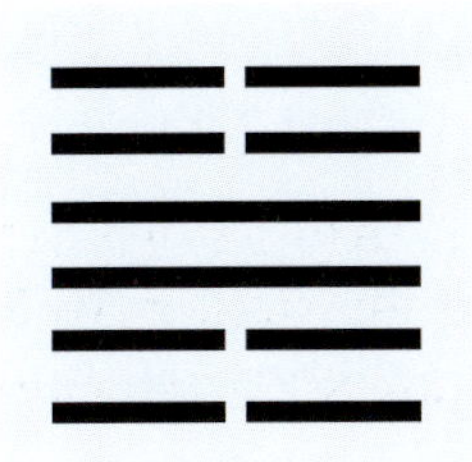

62. SIAU GO = DAS GERINGE ÜBERMASS

Lassen Sie alles geschehen und auf sich zukommen. Es wird nicht zu Ihrem Schaden sein. Halten Sie sich mit Ihren Wünschen zurück, warten Sie ab, bis sich die Dinge von selbst entwickeln und man auf Sie zukommt. Die Zeit der Wunscherfüllung ist für Sie noch nicht gekommen. Bleiben Sie in allem, was Sie tun, äußerst gewissenhaft. Ein schneller, unrecht erworbener Gewinn würde Ihnen nicht lange bleiben.

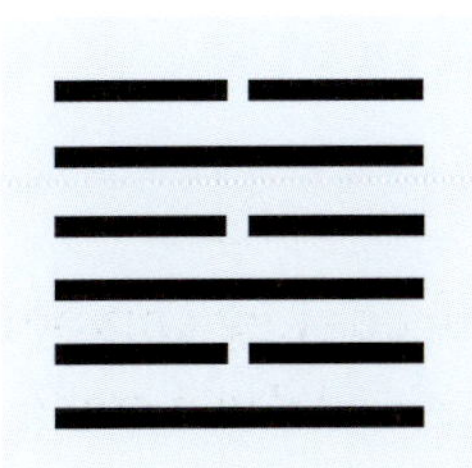

63. GI DSI = DIE AUSGEWOGENHEIT

Sie haben jetzt oder hatten vor nicht allzu langer Zeit beachtlichen Erfolg. Das aber ist kein Grund, sich nun zurückzulehnen und die Dinge einfach laufen zu lassen. Nichts löst sich von selbst. Das gilt auch für Ihre Partnerschaft, in der Sie sich mehr engagieren sollten. Gleichgültigkeit, aus welchem Grund auch immer, kann für eine Liebesbeziehung tödlich sein. Legen Sie die Hände nicht in den Schoß. Arbeiten Sie an sich und Ihren Beziehungen.

BENUTZEN SIE DAS I GING ALS RATGEBER IN JEDER LEBENSLAGE, DANN WIRD ES WIE EIN GUTER FREUND ZU IHNEN SPRECHEN UND IHNEN DIE BOTSCHAFTEN IHRES UNTERBEWUSSTSEINS ÜBERMITTELN.

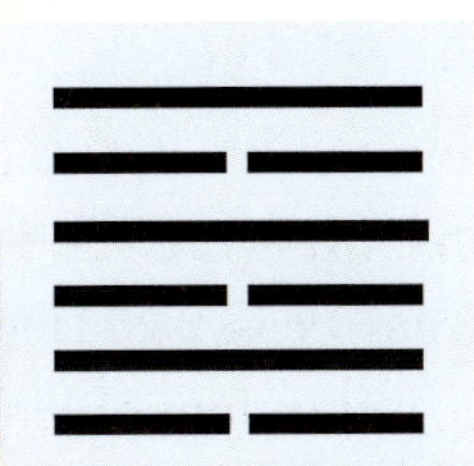

64. WE DSI = VOR DER VOLLENDUNG

Gehen Sie nicht zu forsch vor. Bedenken Sie bei allem, was Sie tun oder wofür Sie sich entscheiden, die möglichen Folgen. Eine sehr günstige Zeit liegt vor Ihnen. Blicken Sie jetzt entschlossen nach vorn, werden Sie aber erst aktiv, wenn Sie sich Ihrer Sache ganz sicher sind. Gehen Sie mit Vorwürfen und Kritik sparsam um, das wird Ihrer Partnerschaft zugute kommen.

NUMEROLOGIE

Wir leben in einer Welt voller Geheimnisse, in der alles mit allem verbunden ist. Wie ein Puzzlespiel fügen sich die einzelnen Elemente zu einem wunderbaren Gesamtbild zusammen. Die Numerologie, die Magie der Zahlen, hilft Ihnen, die großen Zusammenhänge der Welt zu erkennen. Sie geht davon aus, daß der Mensch durch Zahlen und ihre Schwingungen beeinflußt wird. Die Zahl ist das geistige Gerüst aller sichtbaren und unsichtbaren Ereignisse und Energien.

WER AUFMERKSAM BEOBACHTET, KANN ENTDECKEN, WIE EINE NAMENSÄNDERUNG – SEI ES DURCH EINE EHE ODER DURCH SONSTIGE GRÜNDE – ZU CHARAKTERVERÄNDERUNGEN UND DAMIT AUCH ZU EINER ÄNDERUNG DER SCHICKSALSGEGEBENHEITEN FÜHRT.

Wenn Sie sich bewußt machen, daß Namen eine Schwingung und somit geistige Wirkkraft besitzen, so ist es keinesfalls nur aus ästhetischen oder modischen Gründen wichtig, auf den »richtigen« Namen zu achten. Der Name beeinflußt auch das Schicksal.

Jede neue Zahl, die in Ihr Leben tritt, kann Ihren Lebensweg verändern. Wenn Sie sich dessen bewußt sind, können Sie aktiv daran arbeiten, Ihre Zukunft positiv zu gestalten.

Ermitteln Sie Ihre Namens-, Geburts- und Schicksalszahl

Nachstehendes Beispiel zeigt Ihnen, wie Sie Ihre Namens- und Geburtszahl finden und was sie zu bedeuten hat. Aus Namens- und Geburtszahl ermitteln Sie Ihre Schicksalszahl.

Ihre persönlichen Zahlen können Ihnen einen Hinweis darauf geben, ob dieses oder das nächste Jahr besonders günstig für Sie ist und welche Tage, Wochen oder Monate für Sie besonders harmonisch verlaufen. Der Namenszahl sind darüber hinaus bestimmte persönliche Eigenschaften zugeordnet. So können Sie feststellen, welche Fähigkeiten in Ihnen schlummern, wo Ihre besonderen Stärken liegen und wo Ihre Schwächen zu suchen sind. Wenn Sie dieses Wissen für sich nutzen, können Sie Ihre Zukunft positiv beeinflussen.

NAMENSZAHL

Berechnen Sie zunächst Ihre Namenszahl: Dazu schreiben Sie alle Ihre Vor- und Nachnamen auf ein Blatt Papier und ermitteln aus der Tabelle die zu jedem Buchstaben gehörige Zahl.

A	B	C	D	E	F	G	H	I
J	K	L	M	N	O	P	Q	R
S	T	U	V	W	X	V	Z	
1	2	3	4	5	6	7	8	9

Am Beispiel des Namens Heinrich Bauer ermitteln wir die Namenszahl:

H	e	i	n	r	i	c	h		B	a	u	e	r

8 + 5 + 9 + 5 + 9 + 9 + 3 + 8
= 56 = 5 + 6 = 11 = 1 + 1 = 2

2 + 1 + 3 + 5 + 9
= 20 = 2 + 0 = 2

2 + 2 = 4

Die Zahl 4 ist die Namenszahl von Heinrich Bauer.

GEBURTSZAHL

Um Ihre Geburtszahl zu ermitteln, addieren Sie die einzelnen Ziffern Ihres Geburtsdatums. Ist die Summe zweistellig, addieren Sie diese beiden Ziffern ebenfalls – bis Sie eine einstellige Zahl erhalten.
Heinrich Bauer ist am 15.9.1938 geboren. Rechnen Sie:

1 + 5 + 9 + 1 + 9 + 3 + 8 = 36
36 = 3 + 6 = 9

Die Geburtszahl von Heinrich Bauer ist somit 9.

WAS DIE EINZELNEN NAMENSZAHLEN ÜBER DIE ZUKUNFT AUSSAGEN, ERFAHREN SIE AUF DEN NACHFOLGENDEN SEITEN..

Wenn Sie ein Lotterielos kaufen oder einen Lottoschein ausfüllen, wählen Sie möglichst einen Tag, dessen Quersumme mit der Ihres Geburtstages bzw. mit Ihrer Geburtszahl übereinstimmt. Die Quersumme der Los- oder Lottoschein-Nummer sollte ebenfalls diese Zahl ergeben.

SCHICKSALSZAHL

Um Ihre Schicksalszahl zu ermitteln, addieren Sie Ihre Namens- und Geburtszahl. Bei einem zweistelligen Ergebnis addieren Sie die einzelnen Ziffern erneut. In unserem Beispiel Heinrich Bauer zählen Sie die Namenszahl 4 zur Geburtszahl 9:

$$4 + 9 = 13 = 1 + 3 = 4$$

Die Schicksalszahl von Heinrich Bauer ist die 4.
Die Schicksalszahl ist von vielfacher Bedeutung. Günstig sind alle Tage, Monate oder Jahre, die in der Quersumme eine gerade Zahl ergeben, wenn Ihre Schicksalszahl gerade ist, bzw. alle Tage, Monate und Jahre, die eine ungerade Quersumme haben, wenn Ihre Schicksalszahl ungerade ist.

NEUN ZAHLEN SIND ES, DIE UNSER LEBEN BEHERRSCHEN. VIEL SPÄTER REIHTE SICH ERST DIE ZAHL 0 IN DEN REIGEN DER ZAHLENSYMBOLE EIN. MIT IHR WIRD DIE ZAHL 10 GEBILDET. ALLE ZAHLENFOLGEN KÖNNEN DURCH EINFACHES ADDIEREN DER EINZELNEN ZIFFERN AUF EINE EINSTELLIGE ZAHL REDUZIERT WERDEN.

DIE EIGENSCHAFTEN DER NAMENSZAHLEN

1 **Der EINSER-Mensch** ist ein Freiheitsmensch. Er kann und will sich nicht unterordnen, und selten wird man einem untergeordneten EINSER begegnen. Er ist der geborene Führer, was er sagt, hat Hand und Fuß. Er verfügt über einen scharfen Verstand, denkt logisch und ist sehr kreativ. Kritik liebt er nicht. Auf dem Lebensweg eines EINSER-Menschen stehen meist eine Menge Hürden, die er jedoch dank seiner großen geistigen Kräfte rasch zu nehmen weiß.

Die Wesensmerkmale der EINS: Starker Wille, Organisationstalent, Führungsqualität, Logik, Optimismus, eine starke, vitale Persönlichkeit, Mut.

2 **Der ZWEIER-Mensch** zeichnet sich durch Güte, Besonnenheit und großen Gerechtigkeitssinn aus. Er liebt die Zusammenarbeit mit Kollegen, er ist ein Team-Worker, dem es mehr auf die Betriebsatmosphäre als auf das Gehalt ankommt. Er ist friedfertig, oft gemütlich und schlägt sich

mit Charme, Höflichkeit, Takt und Diplomatie durchs Leben. Er ist kein Kämpfer und versucht überall Frieden und Ruhe einzubringen. Klatsch und Gerüchte sind ihm zuwider.

Die Wesensmerkmale der ZWEI: Kameradschaftsgeist, Liebenswürdigkeit, Takt, Diplomatie. Er opfert sich gern für andere auf, auch für die, die es gar nicht verdienen. Er ist sentimental, ein zärtlicher Ehegatte und Partner, sehr romantisch veranlagt und überaus gerecht.

3 **Der DREIER-Mensch** ist ein guter, geselliger Freund, der nichts mehr haßt als oberflächliches Geschwätz. Er greift gern Probleme auf und ist ein Mensch, der nie auslernt, weil es immer wieder etwas Neues gibt, mit dem er sich befassen will. Ihn zeichnen starke schöpferische Kräfte aus, und seine Liebenswürdigkeit ist ebenso groß wie seine Phantasie. In der Liebe kann man auf ihn zählen. Aufmerksam und charmant, vergreift sich selten im Ton. Auf seinem Lebensweg erwartet ihn so viel Gutes und Schönes, daß er dem ZWEIER und VIERER ruhig etwas davon abgeben könnte, ohne dabei selbst zu kurz zu kommen.

Die Wesensmerkmale der DREI: Eine glückliche Hand in vielen Dingen, Phantasie, Vielseitigkeit, Anpassungsfähigkeit und starke schöpferische Kräfte. Charme, Takt und eine gute Lernfähigkeit. Verständnis für die Probleme seiner Mitmenschen, Kreativität, Zärtlichkeit.

DIE NAMENSZAHL WIRD IHNEN REGELRECHT IN DIE WIEGE GELEGT. ÜBERLEGEN SIE GENAU, OB SIE SIE WIRKLICH ÄNDERN WOLLEN – BEISPIELSWEISE DURCH HEIRAT.

4 **Der VIERER-Mensch** macht sich das Leben manchmal selbst schwer, sucht den Grund dafür aber nur selten bei sich. Er arbeitet emsig und verbissen, ist ehrlich und zuverlässig und verfügt über die Fähigkeit, logisch und methodisch zu denken. Er baut nie auf Sand und scheut das Risiko. Sein Kopf funktioniert wie ein Karteikasten, alles wird pedantisch eingeordnet, sortiert und berechnet. Ordnung ist beim VIERER großgeschrieben. Alles muß am richtigen Platz liegen. Auf seinem Lebensweg tut sich der VIERER schwerer, als er es verdient. Aber das stärkt nur seine Zähigkeit. Meist erkämpft er sich schließlich die ersehnte Stellung. So leicht wie dem DREIER fällt ihm aber nichts in den Schoß.

Die Wesensmerkmale der Vier: Streben nach schneller Verwirklichung, Zähigkeit, Ordnungsliebe. Autorität, Zuverlässigkeit, Logik, Organisation.

5 **Der FÜNFER-Mensch** zeichnet sich durch besondere Gewandtheit in Sprache und Schrift aus. Er versteht es, sich brillant, präzise und überzeugend auszudrücken. Diese Gabe verschafft ihm vor allem im Beruf große Vorteile und einen Vorsprung vor anderen. Er ist ein Logiker, wird von Intelligenz beherrscht und ist beseelt von einem Freiheitsdrang, den er sich nur widerwillig nehmen läßt. Er versteht es, seine Mitmenschen mit wirkungsvollen Argumenten zu überzeugen, auch wenn er nicht auf das Thema spezialisiert ist. Worte sind das natürliche Metier des FÜNFER-Menschen – im Beruf wie in der Liebe. Mit Gespür und Geschick weiß er das andere Geschlecht zu umgarnen. Er eignet sich für Berufe wie Journalist, Schriftsteller, Politiker, Lehrer, Manager. Meist hat er ein bewegtes, unruhiges Leben. Hochphasen sind angezeigt, es kann allerdings auch geschehen, daß er große, bereits erzielte Positionen wieder aufgeben muß.

Die Wesensmerkmale der FÜNF: Ausgeprägte Fähigkeiten in Sprache und Schrift, Logik, innere Unruhe, Hartnäckigkeit. Kampfeslust, Optimismus, Freiheitsliebe, gelegentlicher Sarkasmus als Not- und Geheimwaffe, Vielseitigkeit in allen Bereichen.

6 **Der SECHSER-Mensch** wird von Schönheit, Harmonie und vornehmen Idealen beherrscht. Er ist selbstlos und wird von anderen gern ausgenutzt. Ästhetik geht ihm über alles, er liebt besonders die Musik und Malerei, aber auch andere Richtungen der Kunst weiß er zu schätzen. Er ist ein Kavalier der alten Schule. Sein Zuhause ist immer sehr gemütlich, eine schmuddelige Umgebung ist ihm ein Greuel. Das Wort Geiz existiert in seinem Sprachschatz nicht. Der SECHSER neigt manchmal zu Eitelkeit und Selbstverherrlichung. Seine Freunde sucht er sehr sorgfältig aus. Er kann autoritär sein und ordnet sich nur ungern unter. Sein ganzes Leben ist ein ständiges Auf und Ab. Nach außen hin ist er der erfolgreiche Künstler, der angesehene Kollege. Man wird es ihm kaum anmerken, sollte es in privaten oder geschäftlichen Dingen einmal nicht so laufen, wie er es sich vorstellt. Heim und Familie sind ihm sehr wichtig – selten wird er Menschen, die ihm nahestehen, verlassen.

DIE NUMEROLOGIE DRÜCKT, WIE AUCH DIE MATHEMATIK BEWEIST, DAS GRUNDBEDÜRFNIS DES MENSCHEN NACH ORDNUNG AUS. DAZU GEHÖRT, DASS MAN IN DER LAGE IST, SEINE ZUKUNFT EINZUSCHÄTZEN.

Die Wesensmerkmale der SECHS: Große Ordnungsliebe, Unparteilichkeit, Ehre, guter Geschmack. Sinn für Harmonie, Schönheit und Ästhetik. Großzügigkeit, Eitelkeit, Selbstvertrauen bis hin zur Selbstverherrlichung. Ausgeprägter starker Wille in allen Belangen, originelle Ideen.

7 **Der SIEBENER-Mensch** ist im Grunde ernst und still, er liebt die Wahrheit und haßt alles Oberflächliche. Oft hat er einen Hang zum Grübeln und zu mystischen Dingen. Er möchte hinter die Geheimnisse des Lebens blicken, und die naturwissenschaftlichen Erklärungen der Welt sind ihm nicht tiefgehend genug. In seinen eigenen vier Wänden fühlt er sich am wohlsten. Er strahlt eine natürliche Würde aus, wobei ihm seine berufliche Stellung meist unwichtig ist. Er ist ein ausgeglichener Vernunftmensch mit großen kreativen Fähigkeiten. Ihn zeichnen Selbstbeherrschung, Lebensweisheit, logisches Denken und viel Geduld aus. Er ist ein guter Zuhörer, wenn das Gespräch nicht in leeres Geschwätz ausartet. Wenn er liebt, dann innig und tief. Kaltschnäuzige Menschen verabscheut er. Manchmal neigt er zum Träumen, wozu ihn seine Phantasie und Ideenvielfalt verleiten können. In der Liebe ist er sehr leidenschaftlich – und niemals langweilig.

Die Wesensmerkmale der SIEBEN: Selbstbeherrschung, große geistige Qualitäten, die Hindernisse überwinden helfen. Harmonie, Ausgeglichenheit, Ehrgeiz, Ernst und Hang zur Melancholie. Hilfsbereitschaft, Häuslichkeit, Verstand, Geduld, Phantasie.

RÜCKSCHLÜSSE AUF IHR INNERES, AUF IHR VERBORGENES ICH ODER WIE SIE SICH SELBST SEHEN, GIBT DIE KERNZAHL. DAZU ADDIEREN SIE NUR DIE VOKALE IHRES NAMENS UND BILDEN AUS DIESER ZAHL DIE QUERSUMME.

8 **Der ACHTER-Mensch** ist begabt mit großem Organisationstalent und einer unermüdlichen Schaffenskraft. Sehr früh beginnt sich seine Autorität zu entwickeln, und die Liebe zum Geld scheint ihm in die Wiege gelegt worden zu sein. Er strebt mit großer Energie nach oben, und sich unterzuordnen ist ihm fremd. Was er denkt, sagt er geradeheraus, er redet nicht viel um eine Sache herum. Er liebt die schnelle Verwirklichung seiner Ideen und trägt selbst dazu bei. Kommt er damit nicht rasch genug ans Ziel, so verwirft er sie wieder, ohne ihnen auch nur eine Sekunde nachzutrauern. Denn schon wartet er mit einem neuen, überdurchschnittlich hohen Ziel auf, das er mit rasantem Tempo angeht. Er ist Optimist in allen Lebenslagen. Er sucht den Erfolg, wenn er ihn aber hat, dann beachtet er ihn nicht mehr. Familiäre Bindungen stören ihn weniger, wenn dadurch sein Aufstiegsstreben nicht negativ beeinflußt wird. Wenn er tief und innig liebt, wird er seinen Partner nie enttäuschen.

Die Wesensmerkmale der ACHT: Materielles Aufstiegsstreben, organisatorische Fähigkeiten, Autorität. Liebe zum Geld, Ungeduld, Sprunghaftigkeit, Starrsinn. Starker Realitätssinn, schöpferische Kraft, Willensstärke, Disziplin, Optimismus.

9 Der NEUNER-Mensch ist medial begabt. Eine ausgeprägte Phantasie, Großzügigkeit, Sensibilität und Intuition steuern sein Leben. NEUNER können sich mit Feuereifer für eine Sache begeistern und sind drei Tage später nicht mehr interessiert. Sie neigen dazu, sich einzukapseln und tauen erst wieder auf, wenn sie jemanden für immer in ihr Herz geschlossen haben. Der NEUNER liebt Tiere, die Musik, das Ballett, die Malerei und viele andere schöngeistige Dinge. Er ist bestrebt, hinter die Dinge zu sehen und ist immer auf der Suche nach dem Sinn des Lebens. Viele sind Mystiker und beschäftigen sich mit Okkultismus. NEUNER-Menschen sind ehrlich und vielseitig interessiert. Sie lieben die Schönheit des Lebens, mögen die Natur und sind zutiefst romantisch.

Die Wesensmerkmale der NEUN: Hang zum Mystizismus, Phantasie, praktischer Sinn. Oft materieller Aufstieg. Künstlerische Talente, guter Geschmack, Aufrichtigkeit, Häuslichkeit, Idealismus, Intuition.

WER HARMONIERT MIT WEM?

Wenn Sie wissen wollen, mit welchem Menschen Sie harmonieren, suchen Sie Ihre Geburtszahl aus der ersten Spalte der folgenden Tabelle heraus. In der dazugehörigen Zeile finden Sie dann die Geburtszahl des Partners, der zu Ihnen paßt. Je mehr Herzchen Ihre beiden Zahlen verbinden, desto besser kommen Sie miteinander aus.
Zurück zu Heinrich Bauer mit der Geburtszahl 9. Er muß unter der Ziffer 9, d. h. in der letzten Zeile, nachschauen, mit welcher Geburtszahl er am besten harmoniert: mit der 3.

DIE PERSÖNLICHKEITSZAHL STEHT FÜR IHR ÄUSSERES, FÜR IHRE SELBSTDARSTELLUNG UND AKTIVITÄTEN, SO WIE ANDERE SIE SEHEN. SIE ERGIBT SICH AUS DER QUERSUMME ALLER KONSONANTEN, DIE IN IHREM NAMEN VORKOMMEN.

	♥♥♥♥	♥♥♥	♥♥	♥
1:	2	3,4,6,7	1,5	8,9
2:	1,4,7	3,5	2,6,9	8
3:	6,9	1,2,5	3,7,8	4
4:	2,8	1,7	4,5	3,6,9
5:	6	2,3	1,4,5,7	8,9
6:	3,5	1,8,9	2,6	4,7
7:	2	1,4	3,5,7	6,8,9
8:	4,8	6,9	3	1,2,5,7
9:	3	6,8	2,9	1,4,5,7

Gewürfelte Zahlen geben Auskunft über das Schicksal

Das Würfelorakel war bei Landsknechten und Söldnern im Mittelalter nicht nur ein beliebter Zeitvertreib. Die Zeiten waren gefährlich, und so nahm man jede Hilfe an, die die Hoffnung in die Zukunft stärken konnte. Das Würfelorakel wurde aber auch gespielt, um möglichst viel über das Schicksal, die Liebe und die Gesundheit zu erfahren.

Für das Würfelorakel brauchen Sie nur gewöhnliche Spielwürfel und ein Blatt Papier. Darauf notieren Sie die Fragen, die Sie beantwortet haben möchten. Stellen Sie möglichst präzise Fragen, wie z. B.

- Bleibt das Glück mir treu?
- Werde ich geliebt?
- Werde ich der Gewinner sein?
- Bekomme ich den neuen Job?
- Werde ich bald befördert?
- Bleibe ich gesund?
- Werden wir uns wieder begegnen?
- Bleibt er (sie) mir treu?
- Werde ich bald eine Nachricht erhalten?
- Werde ich meine Lebensziele verwirklichen?
- Soll ich tun, was man von mir verlangt?
- Gibt es noch Hoffnung für mich?
- Werde ich bald heiraten?

WÜRFEL GEHÖRTEN IN EUROPA ZU DEN BELIEBTESTEN ORAKELN – BIS SIE ENDE DES 13. JAHRHUNDERTS VON DEN SPIELKARTEN ABGELÖST WURDEN.

WIE WIRD GESPIELT?

✻ Stellen Sie die Fragen immer so, daß ein klares Ja oder Nein als Antwort möglich ist. Fragen Sie nicht »Was bringt mir die Zukunft?«, sondern »Wird meine Zukunft glücklich werden?«

✻ Nun konzentrieren Sie sich auf eine der Fragen, während Sie die beiden Würfel mit der Hand oder in einem Würfelbecher schütteln. Dann werfen Sie die Würfel. Die Antwort erhalten Sie aus der Kombination der Augen auf den Würfeln. Es gibt 21 Würfelkombinationen – von zwei Einsern bis zu zwei Sechsern – daraus ergeben sich 21 Antworten.

✻ In der folgenden Auswertung finden Sie die möglichen Antworten:

WENN SIE FRAGEN PERSÖNLICHER NATUR HABEN ODER ETWAS BESTIMMTES WISSEN WOLLEN, WERFEN SIE DIE WÜRFEL. DIE KOMBINATION DER AUGEN OFFENBART IHNEN DIE ENTWICKLUNG DER ZUKUNFT.

DIE BEDEUTUNG DER WÜRFE

1 + 1
Ja. Sie können fest damit rechnen.

1 + 2
Nein. Ihre Chancen stehen nicht sehr gut.

1 + 3
Sie werden sich auf jeden Fall durchsetzen.

1 + 4
Sie müssen mit Hindernissen rechnen.

1 + 5
Es hängt ganz von Ihnen ab.

1 + 6
Geben Sie nicht zu früh auf.

2 + 2
Wappnen Sie sich mit Geduld.

2 + 3
Sie müssen locker lassen.

2 + 4
Sie haben die Antwort doch schon vorweggenommen.

2 + 5
Beraten Sie sich in der Angelegenheit mit einem Freund.

2 + 6
Sie müssen handeln, nicht die Hände in den Schoß legen.

3 + 3
Warten Sie nicht erst die Antwort ab.

3 + 4
Die Zeit ist dafür noch nicht reif.

3 + 5
Bleiben Sie weiterhin optimistisch.

3 + 6
Meinen Sie, daß Sie sich richtig entschieden haben?

4 + 4
Es wird alles ganz anders kommen.

4 + 5
Verfallen Sie nicht wieder in den gleichen Fehler.

4 + 6
Sie haben darauf keinen Einfluß mehr.

5 + 5
Ihr Fehler wird sich noch lange auswirken.

5 + 6
Ihre Zweifel sind begründet.

6 + 6
Es könnte nicht besser laufen. Sie haben das beste Ergebnis des Würfelorakels erzielt.

ERSCHEINT IHNEN EINE ANTWORT SEHR UNKLAR, DÜRFEN SIE NOCH EINMAL WÜRFELN. ALLERDINGS DÜRFEN SIE DIES NICHT TUN, WENN SIE MIT DER ANTWORT NICHT ZUFRIEDEN SIND – DAS SCHICKSAL LÄSST SICH NICHT AUSTRICKSEN.

TELEFON

Haben Sie sich schon selbst einmal dabei ertappt, wie Sie beim Telefonieren, bei Gesprächen, in Konferenzen, Meetings oder ganz einfach beim Zuhören auf einem Blatt Papier oder auf einem Zeitungsrand Kritzeleien, Strichmännchen oder Figuren zeichneten, ohne groß darüber nachzudenken? Vielleicht wußten Sie schon wenige Minuten später gar nicht mehr, was Sie eigentlich gezeichnet haben.

UNBEWUSSTER AUSDRUCK IHRER SEELE

WÄHREND IHRE GEDANKEN AUF ZUHÖREN ODER KOMMUNIZIEREN KONZENTRIERT SIND, ARBEITET IHR UNTERBEWUSSTSEIN VIELLEICHT IN EINE GANZ ANDERE RICHTUNG. ES WIRKT DIREKT AUF IHRE HAND EIN UND ÄUSSERT SICH IN KREISEN, KRITZELN ODER KUNSTWERKEN, DIE SIE UNBEWUSST AUF PAPIER BANNEN.

Nun, die Symbole, Zeichnungen und Schmierereien sind mehr als nur oberflächliches Gekritzel. Sie sind eine Aussage dessen, was unsere Seele beschäftigt, sie verraten unsere geheimen Wünsche und Neigungen, und manchmal gewähren sie uns auch einen Blick in die Zukunft.

Achten Sie einmal darauf, was Ihr Unterbewußtsein zu Papier bringt, welche Bilder und Formen Sie manchmal »gedankenlos« hinkritzeln. Sehen Sie sich diese Zeichen an, vergleichen Sie sie und lesen Sie, was sie bedeuten. Hören Sie auf die Botschaft, um mehr über sich selbst und Ihre Zukunft zu erfahren.

BEDEUTUNG DER TELEFONKRITZELEIEN

ELLIPSEN Sie müssen im beruflichen Leben lernen, auch einmal nein zu sagen. Lassen Sie sich weder von Kollegen noch von Vorgesetzten alles gefallen. Überwinden Sie Ihre Unsicherheit und plagen Sie sich nicht zu sehr mit Selbstzweifeln. Sie sind zu weit mehr fähig, als Sie denken. In der Partnerschaft kommt es zu Spannungen, wenn Sie Ihre wahren Wünsche und Hoffnungen nicht äußern und vom anderen erwarten, daß er Ihre Gedanken liest. Sprechen Sie einfach ganz offen über die Dinge, die Ihnen im Magen liegen. Danach sieht alles ganz anders aus.

KRITZELEIEN

SPIRALEN Sie haben das Gefühl, daß sich alles im Kreis dreht und Sie einfach nicht mehr weiter kommen. Resignieren Sie jetzt nicht – Ihre Situation ist nicht so verfahren, wie Sie denken. Anstatt Luftschlösser zu bauen, sollten Sie ganz einfache, klare Ziele anstreben, dann erhalten Sie auch brauchbare Ergebnisse. Sind es auch nur kleine Schritte, sie werden Sie motivieren und zu größeren Taten anspornen. Scheuen Sie kein Risiko und keine Anstrengung. Legen Sie die Hände nicht in den Schoß, denn geschenkt bekommen Sie nichts. Sie haben viele schöpferische, kreative Phasen. Sie müssen sie nur erkennen und zu Ihrem Vorteil umsetzen. Dann wird der Erfolg nicht lange auf sich warten, und Sie werden viel erreichen.

FINDEN SIE DIE VON IHNEN AUFGEZEICHNETEN MOTIVE NICHT IN DEN NEBENSTEHENDEN ERLÄUTERUNGEN, WÄHLEN SIE DAS SYMBOL, DAS IHREN KRITZELEIEN AM NÄCHSTEN KOMMT.

KREISE, RINGE

Sie streben selbst nach großer Harmonie, suchen sie aber – oft vergeblich – bei anderen. Sie sind, ohne daß Sie es wissen, gefangen in einem undurchdringlichen Kreis, der Sie festhält und nicht mehr entkommen läßt. Sie müssen zuerst einmal lernen loszulassen. Werfen Sie also alles über Bord, was Ihnen bisher lieb und teuer war. Besinnen Sie sich auf Ihre eigene Kraft, die in Ihnen steckt – auch wenn Sie sich Ihrer nicht bewußt sind. Haben Sie keine Angst vor einem Neuanfang, denn er könnte Ihre große Chance werden. Sie müssen nur die richtige Gelegenheit abwarten und dann zugreifen, ohne zurückzublicken.

QUADRAT

Sie stehen mit beiden Beinen mitten im Leben, sind sehr zuverlässig und sehr treu, aber auch sehr unbeweglich. Alles bei Ihnen ist vorgeplant und wohlgeordnet. Leider sind Sie sehr phantasielos und damit auch sehr festgefahren in Ihren Grundsätzen und in Ihrer Lebenseinstellung. Denken Sie aber daran: Nicht alles im Leben ist berechenbar. Oft sind es die kleinen Unwägbarkeiten, die einen plötzlich einen großen Schritt nach vorne bringen. Lassen Sie sich ein wenig mehr gehen, peilen Sie ganz neue Ziele an und erfreuen Sie sich Ihres Lebens.

DIE ENTSPANNUNG, UM DIE SIE MANCHMAL MÜHSAM RINGEN MÜSSEN, UM DEN ZUGANG ZU IHREM UNTERBEWUSST-SEIN FREI ZU MACHEN, KOMMT HIER BEINAHE WIE VON SELBST, INDEM SIE IHRE GEDANKEN SEHR STARK AUF ANDERES KONZENTRIEREN.

DREIECK

Ein Dreieck besitzt eine sehr energische, energiegeladene Form. Sie sind erfüllt von großer Lebenskraft und lassen sich durch nichts beirren oder von Ihrem Weg abbringen. Aus der Lage Ihres Dreiecks können Sie ablesen, ob Sie Ihre Energie sinnvoll einsetzen. Zeigt das Dreieck mit einer Spitze nach oben, ist Ihre Energie nur auf ein Ziel gerichtet, nämlich Erfolg zu haben und sich den Weg an die Spitze zu erkämpfen. Sie werden dabei keine Widerstände zu befürchten haben. Eine nach unten gerichtete Spitze verrät mangelnden Antrieb und fordert zu mehr Aktivität auf. Stärken Sie Ihr Selbstvertrauen.

GITTER, NETZE, VERSCHLUNGENE LINIEN

Sie sind sehr mitteilsam, aber machen es Ihren Mitmenschen oft nicht leicht, Sie zu verstehen. Einerseits schätzt man Ihre Geradlinigkeit, andererseits müssen Sie sich vorsehen, die Gefühle anderer dadurch nicht zu verletzen. Durch Ihre Unbeweglichkeit schließen Sie sich selbst von vielen Unternehmungen und Aktivitäten aus. Entwickeln Sie mehr Mut zu neuen Dingen und versuchen Sie manches aus einer anderen Perspektive zu betrachten. Sie werden staunen, wieviel Überraschendes auf Sie zukommen wird. Vielleicht finden Sie dann auch die neue, interessante Aufgabe, nach der Sie sich insgeheim sehnen.

SÄGEZÄHNE

Sie sind manchmal sehr angriffslustig und aufbrausend. Warum fühlen Sie sich einigen Freunden und Kollegen gegenüber unterlegen? Besinnen Sie sich auf Ihre Fähigkeiten und Talente, betrachten Sie Ihre früheren Erfolge und knüpfen Sie in Gedanken daran an. Sie stärken damit Ihre Persönlichkeit und geben Ihrem Leben eine neue Richtung. Geben Sie sich weniger verkrampft, dann kommen Ihre Mitmenschen auf Sie zu, und Sie werden die Erfolge automatisch anziehen. Sportliche Betätigung wird Ihnen helfen, sich zu entspannen und neue Kräfte für den alltäglichen Kampf zu sammeln.

STRICHMÄNNCHEN

Sie sind sehr anlehnungsbedürftig und können Niederlagen nur schwer verarbeiten. Diese Eigenschaft nimmt Ihnen oft die Kraft und den Antrieb für einen Neuanfang, denn Sie scheuen das Risiko. Sie vergraben Ihre Wünsche und Sehnsüchte ganz tief in Ihrem Inneren und geben

sich damit verschlossen und unnahbar. Gehen Sie mehr aus sich heraus. Verfolgen Sie Ihren Weg unbeirrbar weiter, ohne darüber zu grübeln, ob Ihnen ein Fehler unterlaufen könnte. Mißerfolge können Ihnen helfen, es beim nächsten Mal besser zu machen.

BÄUME

Ihre Vitalität ist groß, und Ihr Selbstbewußtsein läßt sich durch nichts erschüttern. Sie sind stark wie ein Baum mit einer mächtigen Krone. Sie leben im Einklang mit sich selbst. Hin und wieder jedoch kommt ein starker Windstoß auf, und dann ist der Baum nur noch ein schwaches Bäumchen, das sich im Sturm biegt. Sie fühlen sich den Anforderungen des Lebens nicht mehr gewachsen, sind ängstlich und nehmen die Meinungen anderer nur zu gern an. Bringen Sie mehr Kontinuität in Ihr Leben und lassen Sie sich von Mißerfolgen nicht aus der Bahn werfen. Gehen Sie aus sich heraus und bejahen Sie das Leben. Leben Sie nicht einsam und nur auf sich selbst vertrauend – Gemeinschaft mit anderen ist wichtig!

BLUMEN

Sie konzentrieren sich zu sehr auf sich selbst und verhüllen Ihre wahren Gedanken. Sie möchten sich am liebsten auf eine einsame Insel zurückziehen, wo niemand Sie bedrängen oder etwas von Ihnen fordern kann. Doch ein Rückzug bringt Sie nicht weiter. Stellen Sie sich Ihren Problemen, werden Sie aktiv, gehen Sie auf andere zu und verstecken Sie sich nicht länger. Nehmen Sie die Enttäuschungen, die Sie in der Vergangenheit hinnehmen mußten, nicht zu wichtig. Ihre Wünsche werden erfüllt, wenn Sie weiterhin unbeirrbar Ihre Ziele verfolgen. Haben Sie Geduld mit sich selbst.

SIE WERDEN NICHT IMMER DIE GLEICHEN MOTIVE ZEICHNEN. TELEFONKRITZELEIEN DRÜCKEN NEBEN DER GRUNDSTIMMUNG SEHR STARK MOMENTANE EMPFINDUNGEN, ETWA WÄHREND EINES WICHTIGEN GESPRÄCHES, AUS.

KREUZE

Da Sie sich selbst unsicher sind, suchen Sie Halt und Betätigung in Ihrem Umfeld, in neuen Ideen oder Ideologien. Dadurch sind Sie leicht beeinflußbar und für andere Menschen ein Opfer, das sich gerne ausnutzen läßt. Trauen Sie sich mehr zu, verlassen Sie sich lieber auf Ihre innere Stimme als auf die Reden und Taten anderer. Werden Sie sich klar über Ihre Schwächen, aber auch über Ihre Stärken. Wenn Sie Ihre starken Seiten erkannt haben, wächst Ihr Selbstbewußtsein, und Sie sind zu großen Taten fähig. Das zieht Erfolge und Menschen an und gibt Ihnen noch mehr Auftrieb.

SCHIFFE

Sie sehnen sich nach einer Veränderung in Ihrem Leben. Manchmal würden Sie liebend gern in die Haut eines anderen schlüpfen und Ihren gewohnten Lebenskreis verlassen. Setzen Sie sich neue Ziele, vertrauen Sie auf sich selbst. Ihr Aufstieg ist unaufhaltsam, wenn Sie Ihre ganze Energie auf Ihre Vorhaben konzentrieren. Lassen Sie sich durch niemanden beirren – Sie wissen nicht, ob er es wirklich gut mit Ihnen meint. Geben Sie niemals auf und kämpfen Sie immer weiter. Dann wird Ihnen am Ende auch der Sieg gehören.

HÄUSER

Ihre Stärken sind Treue, Aufrichtigkeit und Verläßlichkeit. Ihre offene Art hilft Ihnen, viele Freunde zu gewinnen, und bringt Ihnen die Anerkennung und Wertschätzung von Vorgesetzten und Kollegen ein. Bleiben Sie Ihren Grundsätzen treu und gehen Sie riskanten Unternehmungen auch zukünftig aus dem Weg. Gewagte Spekulationen und Draufgängertum liegen Ihnen nicht. Mit der Ihnen eigenen, natürlichen Charakterstärke haben Sie die besten Voraussetzungen für ein Fortkommen im Beruf. Auch Ihr Partner und Ihre Familie profitieren von Ihrer Selbstsicherheit.

BEWAHREN SIE IHRE KUNSTWERKE EINMAL ÜBER EINEN LÄNGEREN ZEITRAUM HINWEG AUF. SIE KÖNNEN DANN IHRE PERSÖNLICHEN STIMMUNGEN IM NACHHINEIN VERFOLGEN.

WOLKEN

Es sieht düster aus für Sie in den nächsten Wochen, wenn Sie weiterhin so stur bleiben. Geben Sie sich einen Ruck und überwinden Sie Ihre inneren Widerstände. Nehmen Sie vergangene Erfolge als Maßstäbe für Ihre zukünftigen Vorhaben. Im partnerschaftlichen Bereich sollten Sie sehr feinfühlig und mit Bedacht vorgehen. Es könnte sonst zu heftigen Spannungen kommen, vielleicht sogar zu einer abrupten Trennung. Noch ist es nicht soweit, doch denken Sie über Ihre Fehler nach.

ROSETTEN

Ihre romantische Ader macht Sie sehr einfühlsam für alle auf Sie einstürmenden Schwingungen. Die Gefahr dabei ist, daß Sie das Wesentliche außer acht lassen und sich in hoffnungslosen Traumvorstellungen verlieren. Dabei kommt es zur Zeit in der Partnerschaft darauf an, die richtigen Worte zu finden. Zu lange hat Ihr Partner zurückgesteckt, um Sie zu unterstützen. Nehmen Sie auf jeden Fall Ihre eigene Meinung nicht zu wichtig, sonst stehen Sie am Ende allein da. Hören Sie Ihren Mitmenschen zu, wenn Sie Ihnen etwas zu sagen haben.

FISCHE, HÄSCHEN

Halten Sie an Ihren Idealen fest, auch wenn es gegen die Meinung derer ist, die vorgeben, es gut mit Ihnen zu meinen. Nur Sie selbst können feststellen, ob Wertvorstellungen sich auf längere Sicht als wertvoll erweisen. Klammern Sie sich in Ihrer Partnerschaft nicht an etwas, das Ihnen nicht mehr glaubhaft erscheint. Prüfen Sie Ihre Gefühle und die Ihres Partners. Sprechen Sie sich aus, machen Sie aber keine unrealistischen Zugeständnisse. Das wäre nicht nur das Ende Ihrer Beziehung, sondern auch ein tiefer Schlag für Ihre Selbstachtung.

ACHTEN SIE BEI DER DEUTUNG IHRER SYMBOLE DARAUF, OB DIE ANTWORT MIT DER PERSON ODER DEN PERSONEN ZUSAMMENHÄNGEN KÖNNTE, MIT DENEN SIE SICH WÄHREND DES MALENS UNTERHALTEN HABEN.

STERNE

Sie haben große Pläne: Sie streben nach Reichtum, Macht und Vollkommenheit. Kollegen und Freunden gegenüber sind Sie ungeduldig und ungerecht. Nicht jeder mißt Erfolg in materiellen Dingen. Besinnen auch Sie sich wieder auf die wirklichen Werte des Lebens und schrauben Sie Ihre Ansprüche auf ein vernünftiges Maß zurück. Es wird eine große Last von Ihnen fallen. Ihr Partner braucht jetzt dringend Ihre Hilfe. Geben Sie ihm zurück, was Sie lange Zeit erhalten haben.

AUTOS

Sie legen in jeder Beziehung ein ganz schönes Tempo vor. Sie streben nach Anerkennung und Erfolg und haben nur die große Karriere im Auge. Sie sind aber nicht bereit, konsequent dafür zu arbeiten. Nur mit großen Reden wird sich Ihr Vorhaben nicht in die Tat umsetzen lassen. Seien Sie ehrlich zu sich selbst: Ihre Erwartungen an Ihr Leben sind weitaus größer als Ihre bisherigen Erfolge. Sie haben es sich mit vielen Menschen verscherzt und glauben nun, dies mit Arroganz überspielen zu können. Andererseits haben Sie Angst, daß man Ihr Doppelleben durchschauen könnte.

GESICHTER

Sie sind ein Tagträumer, haben Blick und Sinn für die Realität verloren und verzetteln sich, indem Sie Wünsche hegen, die Sie nicht erfüllen können. Nehmen Sie das Leben, wie es ist, und machen Sie das Beste daraus. Jetzt können Sie geistig-seelische Aufbauarbeit leisten für das, was in den nächsten Wochen auf Sie zukommen wird. Wagen Sie nun neue Wege und verlassen Sie die eingefahrenen Gleise. Warten Sie nicht auf das Glück, handeln Sie einfach. Dann kommt es von selbst.

DAS GROSSE

Für die Menschen der Urzeit waren die Bäume der Sitz der Götter. Jeder Baum hatte eine Seele, und wer einen Baum fällte, tötete den ihm innewohnenden Geist. Viele Bäume waren heilig, sie galten als Symbol der Lebenskraft. Bis zum heutigen Tage verkörpern Bäume immer etwas Faszinierendes: Sie teilen sich uns mit durch das Rascheln ihrer Blätter, durch das Flüstern des Windes in ihrem Gezweig. Jeder Baum strebt dem Licht entgegen, er steht aufrecht und unbeugsam an seinem Platz. Damit will er uns sagen, daß alles, was nach oben strebt und geradlinig ist, im Leben auch belohnt wird.

Das Baumorakel ist in 21 Bäume eingeteilt. Es teilt jedem Menschen anhand seines Geburtsdatums den für ihn bestimmten Baum zu. Der Brauch, bei der Geburt eines Menschen einen Baum zu pflanzen, entspringt dem alten Glauben, daß Baum- und Menschenleben in einer natürlichen Beziehung zueinander stehen.

KÖNNEN SIE SICH MIT DEM BAUM IHRES GEBURTSDATUMS NICHT VOLL UND GANZ IDENTIFIZIEREN, LESEN SIE BEI DEM IHNEN ZUGEORDNETEN BAUM UNTER »WER PASST ZU ...« NACH. VIELLEICHT FINDEN SIE DANN DEN BAUM, DER IHREM WESEN ENTSPRICHT.

Wenn Sie wissen möchten, was Sie in Zukunft erwartet, sehen Sie unter Ihrem Geburtsdatum nach, welcher Baum Ihnen entspricht und was er über Ihre Veranlagungen aussagt.

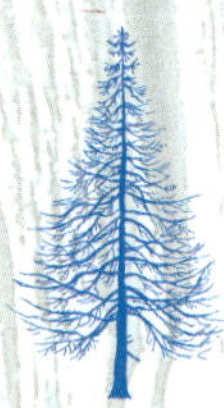

DIE TANNE

2. bis 11. Januar und 5. bis 14. Juli

Der Mensch, dem die Tanne zugeordnet ist, geht stolz und aufrecht durchs Leben. Er ist sehr egoistisch, weiß, was er will und geht unbeirrbar seinen Weg. Er schöpft gern aus dem vollen und blickt manchmal etwas spöttisch auf diejenigen herab, die es ihm nicht unbedingt gleichtun wollen. Die Tanne ist sehr großzügig, kann aber, wenn dies nicht genügend respektiert wird, auch ausgesprochen zornig werden. Werden ihre Machtansprüche gefährdet, tritt ihre ganze Leidenschaftlichkeit in Erscheinung. Die Tanne will lieben und geliebt werden und kann sehr eifersüchtig sein, wenn sie glaubt, daß man ihren Besitz antasten oder in ihrem Revier wildern will. Tanne-Menschen sind ein zuverlässiger, aufrich-

BAUMORAKEL

tiger Partner, mit denen man, wenn man sie zu nehmen versteht, durch dick und dünn gehen kann.

Wer paßt zur Tanne: Linde, Kastanie, Ahorn, Zypresse.

DIE ULME

12. bis 24. Januar und 15. bis 25. Juli

Ulme-Menschen sind sehr eigenwillig und lieben es nicht, wenn man ihnen etwas vorschreiben möchte. Andererseits können sie sehr großzügig sein. Ihre positive Einstellung zum Leben läßt sie viele Freunde gewinnen, obwohl sie sich manchmal auch sehr unnahbar verhalten können. Wenn eine Ulme um Hilfe gebeten wird, wird sie sie über alle Maßen gewähren. Was die Liebe angeht, gibt es für eine Ulme keine Kompromisse. Wenn es nicht nach ihrem Willen geht, verzichten Ulme-Menschen eher auf die Partnerschaft, als auch nur ein klein wenig Entgegenkommen zu zeigen. Ihre Zuverlässigkeit ist ebenso sprichwörtlich wie ihre Ehrlichkeit. Wird sie einmal belogen, ist sie sehr nachtragend und verzeiht das nie. Die Ulme ist nicht immer sehr realistisch, weiß aber damit sehr gut umzugehen. Hat ein anderer Mensch das Herz der Ulme erst einmal erobert, gibt es in der Liebe keinen hingebungsvolleren Partner.

Wer paßt zur Ulme: Eiche, Buche, Linde, Esche.

BAUEN SIE EINE VERBINDUNG ZU IHREM BAUM AUF, BEVOR SIE DIE DEUTUNG LESEN. RUFEN SIE SEIN BILD VOR IHREM INNEREN AUGE AUF UND LASSEN SIE ES AUF SICH WIRKEN.

DIE ZYPRESSE

25. Januar bis 3. Februar und 26. Juli bis 4. August

Die Zypresse nimmt das Leben, wie es kommt, ist immer aktiv, scheint unermüdlich zu sein und ist erfüllt von herzlicher Heiterkeit, die sich auf andere Menschen magisch überträgt. In der Liebe ist sie stürmisch, leidenschaftlich, fordernd und kann unersättlich sein. Gelegentlich gibt sie sich ebenso widerborstig, aufbrausend und jähzornig, wie sie auf der anderen Seite penibel und pedantisch, dann aber auch wieder sehr nachlässig sein kann. Hat sie ihr Herz für einen Menschen entdeckt, wird sie zäh und ausdauernd um seine Liebe kämpfen, auch wenn es Jahre dauern sollte, bis sie erhört wird. Widerspruch schätzt sie nicht besonders, wer sich Ihrer Meinung nicht anschließt, darf nicht viel von ihr erhoffen. Sie hat feste Ansichten, die sie manchmal sehr stur vertritt. Doch nicht nur an andere, sondern auch an sich selbst stellt die Zypresse sehr hohe Anforderungen, denen sie immer wieder gerecht zu werden versucht.

Wer paßt zur Zypresse: Apfelbaum, Haselnuß, Kiefer, Tanne.

DIE URVÖLKER GLAUBTEN, DASS GÖTTER UND GUTE GEISTER IN DEN BÄUMEN LEBTEN. WIE TIEF VERWURZELT DIESER GLAUBE IST, ZEIGEN NOCH HEUTE DER MISTELZWEIG ODER DAS GÄNSEBLÜMCHEN, DAS NACH ERWIDERTER LIEBE BEFRAGT WIRD.

DIE PAPPEL

4. bis 8. Februar, 1. bis 15. Mai und 5. bis 13. August

Der Pappel-Mensch ist sehr wählerisch, empfindlich und geht gerne auf Distanz. Er läßt selten etwas heraus und frißt fast alles in sich hinein. Stets auf der Suche nach dem Unerreichbaren wirkt er deshalb nach außen hin oft arrogant und abweisend. Manchmal kann man ihm überhaupt nichts recht machen. Trifft er jedoch auf den richtigen Partner, öffnet er sich und zeigt sich als liebevoller, einfühlsamer Mensch. Es kann lange dauern, bis die Pappel sich bindet, ist es aber soweit, kann sich der Partner glücklich schätzen, denn er hat ein Juwel entdeckt. Trennungen verkraftet eine Pappel nur schwer. Sie braucht oft Jahre, bis sie den Rückschlag überwunden hat. Es kann geschehen, daß sie sich zurückzieht und vor jeder liebevoll gemeinten Geste zurückschreckt.

Wer paßt zur Pappel: Haselnuß, Ulme, Ölbaum, Eberesche.

DIE ZEDER

9. bis 18. Februar und 14. bis 23. August

Die Zeder ist sehr selbstbewußt und steckt sich hohe Ziele, die sie auch meistens erreicht. Durch Rückschläge läßt sie sich jedenfalls nicht entmutigen. Sie versteht es, ihr Leben so zu gestalten, daß sie von ernsthaften Schwierigkeiten verschont bleibt. Das Glück ist mit ihr. Das macht sie stark und zieht immer wieder viele Menschen in ihren Bann. In der Partnerschaft ist die Zeder sehr wählerisch. Wenn sie sich aber entschieden hat, gibt es kaum einen Menschen, der mit so viel Einsatz und Hingabe mit seinem Partner durch dick und dünn geht. Die Zeder sehnt sich nach Abenteuern, nach fernen Gestaden – aber nur in ihrer Phantasie. Die Bewältigung des Alltags ist ihr wichtiger als die Erfüllung ihrer geheimen Sehnsüchte. Sie braucht eine vertraute Umgebung, ebenso wie Menschen, die ihr Geborgenheit und Nähe geben.

Wer paßt zur Zeder: Birke, Buche, Tanne, Zypresse.

DIE KIEFER

19. bis 29. Februar und 24. August bis 2. September

Menschen unter diesem Zeichen sind sich ihrer Reize wohl bewußt und legen sehr viel Wert auf ihre äußere Erscheinung. Sie verstehen es, sich gut zur Geltung zu bringen. Die Kiefer ist ein gerngesehener Gast, ein guter Kamerad und Freund. Enge Bindungen geht sie nur sehr zögerlich ein. Hat sie sich einmal für einen Partner entschieden, ist sie ein zuverlässiger und liebevoller Lebenskamerad. Ihre Leidenschaft kann aber auch schnell wieder verlöschen, denn sie ist sehr wankelmütig und weiß oft nicht so recht, was sie will. So erlebt die Kiefer manche Enttäuschung, bis sie ihren Idealtyp gefunden hat. Beruflichen Erfolg erzielen Kiefer-Menschen in einem Team, in dem sie mitgerissen und angetrieben werden. Sie kann gut organisieren, ist äußerst zuverlässig und als Kollege und Mitarbeiter sehr beliebt.

Wer paßt zur Kiefer: Apfelbaum, Birke, Nußbaum, Zeder.

TRAUERWEIDE

1. bis 3. März und 3. bis 12. September

Menschen unter diesem Zeichen sind immer mit einem Hauch von Melancholie umgeben. Sie sind einfühlsam, künstlerisch veranlagt und träumen von einem besseren Leben. Trauerweide-Menschen brauchen immer jemanden, der sie mitreißt und ihnen bewußt macht, welche Fähigkeiten in ihnen schlummern. Man darf sie nicht grob behandeln, das würde nur dazu führen, daß sich die Trauerweide noch mehr in sich zurückzieht. Trauerweiden lassen sich durch äußere Dinge gern beeinflussen, können sich aber auch stur stellen, obwohl man es gut mit ihnen meint. Sie tun sich oft schwer, ihre Zuneigung zu zeigen, und verstehen vieles falsch. Doch hat man Sie erst einmal erobert, sind sie treue und hingebungsvolle Partner.

Wer paßt zur Trauerweide: Haselnuß, Pappel, Eiche, Tanne.

DAS BAUMORAKEL IST WENIGER DAZU BESTIMMT, PROGNOSEN FÜR DIE ZUKUNFT ZU TREFFEN. ES SOLL DEM ORAKELBEFRAGER HELFEN, DIE EIGENEN STÄRKEN UND SCHWÄCHEN ZU ERKENNEN.

DIE LINDE

11. bis 20. März und 13. bis 22. September

Der Linde-Mensch ist ein bevorzugter Ratgeber, der von vielen geachtet und gerne konsultiert wird. Ruhe und Gelassenheit zeichnen ihn aus. Linde-Menschen sind nicht besonders beweglich, sondern Sie neigen eher zu Bequemlichkeit. Sie sind wenig ehrgeizig, dabei sanft und nachgiebig. Da es ihnen an Ausdauer mangelt, sind sie schwerlich in der Lage, ihre Pläne in ihrem Sinne zu verwirklichen. In der Liebe tun sich die Linden schwer. Sie sind zwar bereit, alles für Ihren Partner zu tun, dulden es aber auf keinen Fall, wenn dieser einen Seitenblick auf einen anderen Menschen wirft. Ihre starke Eifersucht macht dem Partner oft sehr zu schaffen. Kommt es dann zu Streit oder Auseinandersetzungen, neigt die Linde dazu, sich gekränkt zurückzuziehen.

Wer paßt zur Linde: Nußbaum, Kastanie, Feigenbaum, Birke.

DIE EICHE

21. März

So stark wie dieser Baum ist auch der Eiche-Mensch. Kraft und Mut sind seine hervorragenden Eigenschaften. Er meistert jede Situation mit großem Mut und gibt nur sehr selten klein bei. Der Eiche-Mensch zwingt, trotz seiner Stärke, niemandem seinen Willen auf. Ist jemand anderer Meinung als er, läßt er sie gelten, auch wenn er nicht übereinstimmt. Veränderungen liebt er nicht besonders, er möchte sein Leben überschaubar halten. Wer das akzeptiert, kommt gut mit ihm aus. In einer Partnerschaft ist die Eiche tonangebend, sie läßt dem anderen aber sehr viel Freiheit. Von Romantik hält sie nicht viel, sie neigt eher zur Vernunft und handelt meistens aus praktischen Erwägungen heraus.

Wer paßt zur Eiche: Linde, Kastanie, Ulme, Esche.

JEDER MENSCH VERBINDET MIT BESTIMMTEN DINGEN GEWISSE BEGRIFFE. MACHEN SIE SICH FREI VON DIESEN ASSOZIATIONEN. DIE STACHELIGE KASTANIE BEISPIELSWEISE ERWEIST SICH IM BAUMORAKEL ALS TREUER, LIEBEVOLLER PARTNER.

DER ÖLBAUM

23. September

Ölbaum-Menschen sind geradlinig, zurückhaltend, tolerant und haben eine empfindliche Seele. Sie wissen, was es bedeutet, wenn jemand zu ihnen von seinen Leiden spricht. Ein Ölbaum-Partner liebt tief und ehrlich. Er gibt sich lieber selbst auf, bevor er einem anderen Schaden zufügt. Der Ölbaum toleriert den Partner bis weit über seine persönlich gesteckten Grenzen hinaus. Eifersucht zeigt er nicht offen, aber er kann sehr verletzt sein, wenn sich sein Partner einer anderen Person zuwendet. Der Ölbaum-Mensch ist sehr klug und weiß in jeder Beziehung Rat. Dabei kann man sicher sein, daß er alles, was ihm zugetragen wird, für sich behält. Er ist diskret, tut keinem Menschen weh und sieht, ohne daß man ihn darum bittet, stets, wo Not am Mann ist. Er ist ein verläßlicher und treuer Partner.

Wer paßt zum Ölbaum: Kiefer, Esche, Ahorn, Eiche.

DIE HASELNUSS

22. März bis 31. März und 24. September bis 3. Oktober

Nach außen hin wirkt die Haselnuß sehr unauffällig, bescheiden, fast demütig. Dennoch zieht sie die Menschen durch ihre innere Ausstrahlung in ihren Bann. Ihr natürlicher Charme macht es ihr leicht, Freunde zu gewinnen und jedem aufkommenden Streit die Spitze zu nehmen. Haselnuß-Menschen sind aufrichtig, hilfsbereit und stellen sich eher zurück, als daß sie sich in den Vordergrund drängen. Sie ist ein treuer, ehrlicher, aufgeschlossener, liebevoller und toleranter Partner. Ihre empfindliche Seele erfordert sehr viel Rücksichtnahme, zu forsches Auftreten läßt sie zurückschrecken. Sie erreicht die von ihr selbstgesteckten Ziele mit Leichtigkeit, weil sie niemals aufgibt. Die Haselnuß versteht es, einerseits einsichtig Grenzen zu ziehen, ist andererseits aber beseelt von großer Opferfreudigkeit und Nächstenliebe.

Wer paßt zur Haselnuß: Birke, Buche, Pappel, Hainbuche.

VIELE PFLANZEN SIND SEIT JEHER ENG MIT DEM LIEBESLEBEN DER MENSCHEN VERBUNDEN. SO IST AUCH DAS BAUMORAKEL IN ERSTER LINIE EIN LIEBESORAKEL.

DIE EBERESCHE

1. bis 10. April und 4. bis 13. Oktober

Die Eberesche zeichnet sich durch großes Feingefühl aus. Ihre scheinbare Zartheit trügt jedoch: Sie ist allen Stürmen des Lebens gewachsen und scheut selbst vor den größten Hindernissen und Problemen nicht zurück. Es dauert lange, bis man sie wirklich kennt und weiß, wie man ihr begegnen sollte. Fehler verzeiht sie nicht so rasch, und es ist schwer, ihr Vertrauen zurückzugewinnen, wenn man es einmal verloren hat. Die Eberesche liebt das Leben und hat viele wechselnde und leidenschaftliche Beziehungen. Fühlt sie sich ausgenutzt, läßt sie den Partner gnadenlos fallen. Meistens ist sie es, die den anderen verläßt, wenn dieser es nicht versteht, ihre Empfindungen nachzuvollziehen. Ihr großes Einfühlungsvermögen macht sie hellhörig für alles Falsche und Unechte und bewahrt sie dadurch vor Enttäuschungen.

Wer paßt zur Eberesche: Ahorn, Haselnuß, Pappel, Birke.

DER AHORN

11. bis 20. April und 14. bis 23. Oktober

Der Ahorn ist ein sehr eigenwilliger Mensch, eher zurückhaltend, aber stolz und mit einem großen Selbstbewußtsein ausgestattet.

Seine Eitelkeit ist ihm manchmal im Wege, aber ohne sie kann er nicht leben. Er ist neugierig, interessiert sich für alles und zweifelt an vielem, was er erlebt. Er versucht seine Umwelt von seinen Ansichten zu überzeugen, läßt es aber sein, wenn er keine Resonanz verspürt. Wer es versteht, ihn von seiner Einzigartigkeit zu überzeugen, hat bei ihm gute Karten – solange es gutgeht. Sein ausgezeichnetes Gedächtnis hilft ihm, sehr klar zu unterscheiden, wer ihm nutzen oder wer ihm schaden kann. Er läßt sich ungern etwas aufzwingen und reagiert darauf manchmal störrisch oder unbeteiligt. Er ist in sich selbst verliebt und für Schmeicheleien sehr empfänglich.
Wer paßt zum Ahorn: Buche, Eiche, Eberesche, Apfelbaum.

DIE WALNUSS

21. bis 30. April und 24. Oktober bis 11. November

Der Walnuß-Mensch ist der geborene Gewinner. Alles, was er sich zum Ziel setzt, erreicht er auch. Er geht seinen Weg, läßt sich von niemandem beirren und weiß, wovor er sich in acht nehmen muß. Sein Ehrgeiz gestattet ihm keine Niederlage, wenigstens keine, die er offen zugibt. Nur sehr schwer paßt er sich an und macht es seinem Partner oft nicht leicht. Er genießt, seiner natürlichen Autorität wegen, große Bewunderung. Seine Eifersucht ist ihm oft im Weg und hat schon so manchen Partner verprellt. Denn wenn er liebt, dann mit jeder Faser seines Herzens und seiner Seele. Doch wehe, er fühlt sich hintergangen. Dann wird er zum gnadenlosen Rächer. Mit der Walnuß wird niemals Langeweile entstehen, denn jeder Tag ist eine neue Offenbarung. Nur wenige Partner sind seinen leidenschaftlichen Ausbrüchen gewachsen.
Wer paßt zur Walnuß: Kastanie, Kiefer, Tanne, Apfelbaum, Trauerweide.

SCHON DIE SKYTHEN MACHTEN SICH ZUM WAHRSAGEN DIE KRAFT DER BÄUME ZUNUTZE. SIE STECKTEN WEIDENRUTEN IN DEN BODEN UND LASEN DARAUS, BEGLEITET VON ZAUBERSPRÜCHEN, DIE ZUKUNFT.

DIE KASTANIE

15. bis 24. Mai und 12. bis 21. November

Die Kastanie macht keinem Menschen etwas vor. Sie ist sich selbst treu und ist enttäuscht, wenn sie hintergangen wird, weil Betrug nicht in ihr Weltbild paßt. Wenn sie einen Menschen in ihr Herz geschlossen hat, wenn sie einmal liebt, opfert sie sich für diesen Partner voll und ganz auf. Wer sie zum Freund gewinnen will, hat es anfangs schwer. Wenn es aber soweit ist, hält diese Freundschaft ein Leben lang. Wer jemals im Leben eine Kastanie kennen- und lieben lernte, wird seinen zukünftigen Partner immer an einem Kastanien-Menschen messen. Vielen Menschen erscheint die Kastanie unbeweglich, starr im Denken, Handeln und Fühlen. Aber das stimmt nicht. Sie hängt am Althergebrachten, beäugt alles Neue sehr mißtrauisch und fühlt sich unsicher, wenn sie ihre Lebensweise gründlich umkrempeln soll. Die scheinbare Sprödigkeit der Kastanien-Menschen ist deshalb oft nur Selbstschutz.

Wer paßt zur Kastanie: Apfelbaum, Nußbaum, Ulme, Linde.

DIE ESCHE

25. Mai bis 3. Juni und 22. November bis 1. Dezember

Esche-Menschen sind beliebt, ehrgeizig, intelligent und begabt. Sie wissen genau, was Sie wollen, und erreichen fast immer das, was sie anstreben. Wer einen Esche-Menschen zum Freund gewonnen hat, kann sich glücklich schätzen. Man kann ihm vertrauen und immer auf ihn zählen. Im Beruf und in der Liebe fliegen der Esche die Menschen und die Herzen nur so zu. Sie ist umschwärmt und begehrt, bleibt aber hinterher oft sehr einsam zurück, weil sie eine zu starke Ausstrahlung hat. Langweilig wird es einem mit einer Esche nie. Manchmal ist allerdings ihr Verstand stärker als das Gefühl. Das bedrückt sie oft so sehr, daß sie sich von der Welt zurückzieht und sich in stummer Zwiesprache ergeht. Es dauert im Leben einer Esche sehr lange, bis sie wirklich den Platz gefunden hat, nach dem sie sich sehnt. Ist das jedoch der Fall, wird dic Liebe ein ganzes Leben lang andauern. Und der Partner, der ihre Zuneigung gewonnen hat, kann sich äußerst glücklich schätzen.

Wer paßt zur Esche: Buche, Eiche, Zypresse, Ölbaum.

EINE TIEFE, INNERE RUHE IST DIE BASIS FÜR ALLE ORAKELBEFRAGUNGEN. ATMEN SIE DAHER VORHER EINIGE MALE LANGSAM DURCH DIE NASE EIN UND LASSEN SIE DEN ATEM DURCH DEN MUND ENTWEICHEN.

DIE HAINBUCHE

4. bis 13. Juni und 2. bis 11. Dezember

Die Hainbuche neigt manchmal zu Egoismus, was viele Menschen von vornherein abstößt. Das ist jedoch nur ein verzweifelter Selbstschutz und drückt die große Angst davor aus, wieder einmal verletzt zu werden. Die gepflegte Erscheinung der Hainbuche läßt viele Menschen mehr als nur einen Blick riskieren. Dabei ist sie alles andere als eine Abenteuerin. In ihrem tiefen Inneren sehnt sich sich nach Wärme und Geborgenheit, nach Bewunderung und Anerkennung. Wird die Hainbuche gekränkt, vergißt sie das niemals und kommt immer wieder auf dieses Thema zu sprechen. Viele Menschen bestürmen sie, ohne daß sie die Gefühle erwidern will oder kann. Bevor sie sich auf eine Beziehung einläßt, denkt sie sehr lange darüber nach. Oft so lange, bis es zu spät ist. Dann überkommt sie der große Weltschmerz, und sie zieht sich zurück in ihr Schneckenhaus. Eine Hainbuche braucht viel Liebe, Verständnis und Toleranz, bevor sie sich anderen Menschen öffnet. Man muß sie regelrecht aus ihrem Schneckenhaus herauslocken.

Wer paßt zur Hainbuche: Kastanie, Linde, Ulme, Nußbaum.

DER FEIGENBAUM

4. bis 23. Juni und 12. bis 21. Dezember

Der Feigenbaum liebt das Leben und kann sehr eigenwillig sein. Er steht mit beiden Beinen auf dem Boden und versteht es, aus einer schier aussichtslosen Situation das Beste zu machen. Seine Bequemlichkeit verdirbt ihm häufig viele gute Chancen, seine Unduldsamkeit läßt nur wenige andere Meinungen gelten. Werden der Alltag und die Arbeit zur Routine, verliert er rasch das Interesse daran und wendet sich aufregenderen Dingen zu. Seine Partner wählt er nach seinen augenblicklichen Stimmungen aus. Das bringt ihn häufig in Schwierigkeiten, mit denen er selten fertig wird. Wenn er etwas in Angriff nimmt, hat es Hand und Fuß. Von seinen Vorhaben und Grundsätzen läßt er sich durch nichts abbringen. Wer ihn eines Besseren belehren will, wird ihn erst richtig kennenlernen und wohl kaum mehr Lust verspüren, sich noch einmal mit ihm anzulegen.

Wer paßt zum Feigenbaum: Buche, Kastanie, Nußbaum, Ulme.

SIE SIND SICH NICHT SICHER, OB IHR PARTNER DER RICHTIGE WEGBEGLEITER FÜR SIE IST? BEFRAGEN SIE DAS BAUMORAKEL MIT IHM GEMEINSAM. DIE ANTWORTEN KÖNNEN IHNEN DABEI HELFEN, DIFFERENZEN AUS DEM WEG ZU RÄUMEN.

DIE BUCHE

22. Dezember

Buche-Menschen sind überaus praktisch veranlagt und haben ihr Leben fest im Griff. Sie überlegen genau, bevor sie etwas in Angriff nehmen, und gehen nie ein unnötiges Risiko ein. Der Buche mangelt es zwar ein wenig an Phantasie, dafür ist sie aber treu, zuverlässig und sehr beständig. Und sie verlangt von Mitarbeitern und Kollegen auch nur das, was sie selbst zu leisten in der Lage ist. Buche-Menschen legen sehr viel Wert auf ein gepflegtes Aussehen, das sie sich auch gerne etwas kosten lassen. Das Leben der Buche ist bestens durchdacht und durchorganisiert, daher ist sie vor unliebsamen Überraschungen so gut wie sicher. Wer sich in eine Buche verliebt, wird zwar nicht den absoluten Sinnesrausch auf Erden erleben, kann aber ganz sicher davon ausgehen, daß er einen absolut zuverlässigen und loyalen Lebenskameraden zur Seite hat, der ihn nie im Stich

lassen wird. Sie ist ein ausgesprochener Familienmensch und liebt Kinder über alles, sowohl als Vater als auch als Mutter.
Wer paßt zur Buche: Ulme, Eiche, Ahorn, Pappel.

DIE BIRKE

24. Juni

Die Birke liebt die leisen Töne; ihr zartes Aussehen darf aber nicht täuschen: Sie ist kraftvoll und ausdauernd und kann sich leicht jeder Situation anpassen. Der Partner einer Birke darf sich glücklich schätzen, denn sie ist beständig in ihren Gefühlen, treu und sehr zuverlässig. Sowohl in der Liebe als auch im Beruf gibt sie ihr Bestes, um die Anforderungen, die an sie gestellt werden, zu erfüllen. Freunde und Kollegen schätzen ihren Eifer, wodurch der Birke-Mensch Gefahr läuft, ausgenutzt zu werden. Eine Birke ist nicht besonders leidenschaftlich, aber ein sehr guter Lebenskamerad und Wegbegleiter. Wer eine Birke für sich erobern kann, hat das große Los gezogen. Er hat mit ihr fast so etwas wie eine unkündbare Lebensversicherung in Händen. Auf die Birke kann man sich getrost verlassen. Sie wird alles tun, um ein Versprechen nicht nur zu halten, sondern es auch im Übermaß zu erfüllen. Viele Menschen fühlen sich in der Gesellschaft einer Birke sehr geborgen und wachsen dabei oft über sich selbst hinaus.
Wer paßt zur Birke: Ahorn, Buche, Esche, Kiefer.

DER APFELBAUM

25. Juni bis 4. Juli und 23. Dezember bis 1. Januar

Seine Früchte sind lebenserhaltend, seine Blüten verlocken zum Träumen. Der Apfelbaum liebt die Liebe in all ihren Facetten. Geben ist ihm wichtiger als Nehmen. Er gewinnt leicht Freunde, denn die Menschen schätzen ihn, weil er liebt um der Liebe willen. Er ist kein Idealist, aber wer leidet oder traurig ist, findet bei ihm Trost und einen einfühlsamen Freund. Der Apfelbaum sehnt sich nach Zuneigung und ist traurig, wenn er allein leben muß. Er ist stets bereit, anderen viel zu geben, auch wenn er oft nicht richtig verstanden wird. Manchmal fühlt er sich wie ein Kind und leidet wie ein Erwachsener. Wer jedoch mit den Gefühlen eines Apfelbaum-Menschen zu spielen versucht, wird ihn von einer anderen Seite kennenlernen. Zynisch schafft er sich dann jeden Menschen vom Hals, von dem er glaubt, daß er ihn verletzen könnte.
Wer paßt zum Apfelbaum: Ahorn, Zypresse, Trauerweide, Nußbaum.

EINE BESONDERE STELLUNG NEHMEN IM BAUMORAKEL ÖLBAUM, HASELNUSS, BUCHE UND BIRKE EIN. JEWEILS NUR EIN TAG IM JAHR BESTIMMT DIE ZUGEHÖRIGKEIT ZU EINEM DIESER BÄUME.

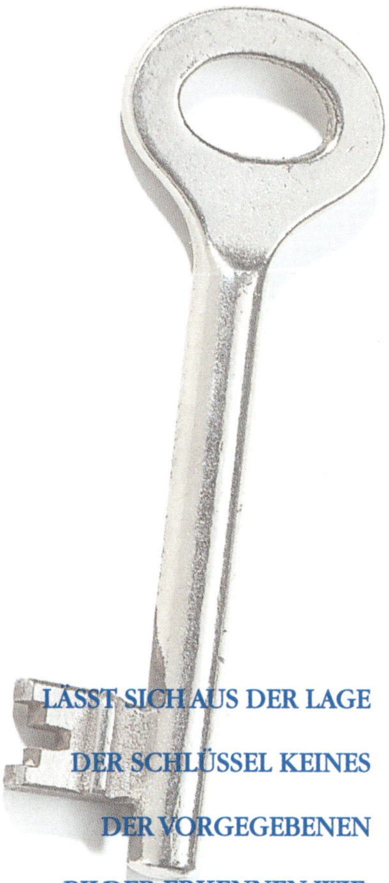

DAS SCHLÜSSEL

Im Mittelalter, als Schlüssel und Schlösser noch fast unerschwingliche Kostbarkeiten waren, wurde auf den windumtosten Burgen der Grafen, Freiherrn und Ritter oder in den Häusern der reichen Bürger, wenn alle gesellig in einer gemütlichen Runde versammelt waren, das Schlüsselorakel zu Rate gezogen. Während es den einen der Unterhaltung diente und Auskunft über die Treue des Gemahls, das Geschlecht des erwarteten Kindes oder über den Gesundheitszustand gab, entschieden die Schlüssel in geheimen Kammern nicht selten auch über Leben und Tod. Kriegsherren, Könige und Fürsten machten einen geeigneten Zeitpunkt zum Angriff ebenso davon abhängig wie das Schicksal von Verrätern und Vertrauten.

LÄSST SICH AUS DER LAGE DER SCHLÜSSEL KEINES DER VORGEGEBENEN BILDER ERKENNEN, WIEDERHOLEN SIE DEN WURF.

WIE WIRD DAS SCHLÜSSEL-ORAKEL BEFRAGT?

- Sie brauchen für das Schlüsselorakel Schlüssel mit einem großen Bart und eine schwarze Filzunterlage.

- Das erste Orakelspiel für eine Person wird mit einem Schlüssel ausgeführt. Wenn Sie das Schicksal zusammen mit einem Partner befragen, verwenden Sie zwei Schlüssel.

- Bevor Sie das Orakel zu Rate ziehen, notieren Sie sich alles, was Sie auf dem Herzen haben. Stellen Sie klare, präzise Fragen, damit das Schlüsselorakel Ihnen die richtigen Antworten geben kann.

- Nehmen Sie den Schlüssel in die Hand, mit der Sie die meisten Tätigkeiten ausführen. Das ist bei Rechtshändern die rechte und bei Linkshändern die linke. Konzentrieren Sie sich auf Ihre Frage und vertrauen Sie darauf, daß Ihnen der Schlüssel eine Antwort geben wird.

- Werfen Sie den Schlüssel aus einer Höhe von etwa 30 cm auf die Filzunterlage. Was sagt Ihnen seine Lage über die Zukunft?

ORAKEL

DIE ANTWORTEN DES SCHLÜSSELORAKELS

BART UNTEN LINKS

Ihre Bemühungen werden bald Früchte tragen – allerdings in einer anderen Form, als Sie es sich vorgestellt haben. Lassen Sie sich auf keinen Fall von sogenannten Freunden beinflussen. Sie würden Ihrem Vorhaben mehr schaden als nutzen. Am besten, Sie folgen einzig und allein Ihrem Gefühl. Es wird Ihnen helfen, die richtige Entscheidung zu treffen.

BART UNTEN RECHTS

Sie haben alles getan, um aus einer verfahrenen Situation das Beste zu machen. Jetzt müssen Sie nur noch etwas Geduld haben, denn es wird noch einige Zeit dauern, bis Ihre Wünsche in Erfüllung gehen. Ein kleiner Trost: Die nächsten Monate bringen Ihnen einige erfreuliche Überraschungen dann, wenn Sie sie am wenigsten erwarten.

BART OBEN LINKS

Ihre Kraftquellen bescheren Ihnen erfolgreiche Wochen. Trotzdem sollten Sie darauf achten, diese Energien so sinnvoll wie möglich einzusetzen. Kümmern Sie sich um bedeutende Angelegenheiten, die Sie bis jetzt immer wieder aufgeschoben haben. In der Partnerschaft sollten Sie ausgleichend aufeinander einwirken.

BART OBEN RECHTS

Sie haben es in den nächsten drei Monaten wahrhaftig nicht einfach. Ihr Vertrauen wird enttäuscht, und auch ein angekündigtes Geschäft kommt nicht zustande. Dennoch besteht kein Grund, den Mut zu verlieren. Bleiben Sie hartnäckig am Ball. Mit Bedacht und Eigeninitiative wenden Sie das Blatt und erreichen Ihr Ziel am Ende doch.

NEHMEN SIE SICH FÜR DIE BEFRAGUNG DES SCHLÜSSELORAKELS UNBEDINGT ZEIT. AUCH WENN EINE ANTWORT FÜR SIE IM ERSTEN MOMENT VERWIRREND ERSCHEINEN MAG – SUCHEN SIE NACH ASSOZIATIONEN.

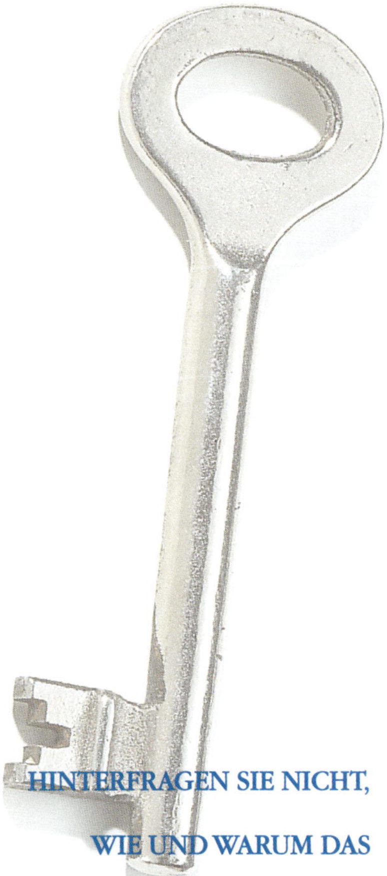

45 GRAD NACH UNTEN LINKS

Ihre seelischen und körperlichen Kräfte sind nicht unerschöpflich. Auf keinen Fall sollten Sie Ärger oder Kummer kommentarlos hinunterschlucken. Im Gegenteil: Es wird Sie erleichten, mit dem Partner oder Freunden über all das zu sprechen, was Sie auf dem Herzen haben.

45 GRAD NACH UNTEN RECHTS

Vor lauter Entscheidungszwängen wissen Sie gar nicht mehr, wo Ihnen der Kopf steht. Das macht Sie noch unruhiger und läßt Sie schwanken zwischen rastloser Betriebsamkeit und bedrückender Antriebsarmut. Stellen Sie sich eine Prioritätenliste auf und erledigen Sie die Aufgaben Schritt für Schritt. Ist erst einmal die Spitze des Berges abgetragen, kehrt auch Ihr Tatendrang zurück.

80 GRAD NACH LINKS OBEN

Sie dürfen in wichtigen Entscheidungen jetzt weder zu nachgiebig sein, noch sollten Sie sich zu heftigen Reaktionen hinreißen lassen. Nachteilig wirken sich nur Entscheidungen aus, die aus einer Laune heraus getroffen werden. Setzen Sie Ihren Weg zielsicher fort. Wird Ihnen von fremden Menschen Hilfe angeboten, zögern Sie nicht, diese anzunehmen.

HINTERFRAGEN SIE NICHT, WIE UND WARUM DAS ORAKEL FUNKTIONIERT. ÜBERLASSEN SIE ES IHREM UNTERBEWUSSTSEIN, IHRE HAND ZU FÜHREN UND DIE RICHTIGEN ANTWORTEN FÜR SIE HERAUSZUFINDEN.

80 GRAD NACH RECHTS OBEN

Die Glücksgöttin Fortuna meint es in den nächsten Wochen gut mit Ihnen. In einer bestehenden Partnerschaft haben Sie die Möglichkeit, sich gegenseitig wieder neu zu entdecken. Doch auch auf andere Menschen ist Ihre Anziehungskraft sehr groß. Sie sind beliebt und kommen gut an – ein Zustand, der Ihnen auch beruflich von Nutzen sein wird.

DIAGONAL LINKS

Nicht immer gleich nein sagen! Hören Sie Ihrem Partner erst einmal in aller Ruhe zu und überlegen Sie, ob er nicht recht haben könnte. Er meint es nämlich gut mit Ihnen. Legen Sie Ihr Mißtrauen und Ihre stachelige Schale ruhig ab. Sie schaden sich damit nur selbst. Geben Sie sich statt dessen lieber etwas lockerer und vertrauen Sie Ihren seelischen Kräften. Sie sind weitaus stärker, als Sie glauben.

DIAGONAL RECHTS

Es kann sowohl beruflich als auch privat steil aufwärts gehen, wenn Sie ohne zu zögern sofort und entschlossen zupacken. Im nächsten Monat kommen viele gute Erfolgs- und Gewinnchancen auf Sie zu. Zwar sind damit auch einige einschneidende Veränderungen in Ihrem Leben verbunden, doch wenn Sie jetzt nicht übermütig werden, fallen die Ergebnisse durchaus positiv für Sie aus.

DIAGONAL OBEN

Stellen Sie sich auf eine gute Zeit ein. Ihre Vorhaben sind in den nächsten Wochen äußerst begünstigt. Viele Ihrer Wünsche werden sich erfüllen. Das wichtigste Erlebnis ist dabei die Begegnung mit der großen Liebe. Es wird zwar einige Anfangsschwierigkeiten geben, doch lassen Sie sich dadurch nicht entmutigen. Wenn Sie konsequent und beharrlich bleiben, ist Ihnen viel Glück beschert.

WÄHREND DES SPIELS WERDEN SICH IMMER WIEDER DISKUSSIONSPUNKTE ZWISCHEN IHNEN UND IHREM PARTNER ERGEBEN. NUTZEN SIE DAS GESPRÄCH, UM ALTE STREITIGKEITEN AUS DEM WEG ZU RÄUMEN.

DIAGONAL UNTEN

Sie müssen in der nächsten Zeit etwas kürzer treten. Ruhiges und überlegtes Vorgehen ist oberstes Gebot. Manche Dinge sehen Sie durch eine rosarote Brille, Ihr Blick für die Realität ist getrübt. Wichtig ist, daß Sie immer erst genau prüfen, ob das Ergebnis Ihrer Vorhaben auch dem entspricht, was Sie erreichen möchten. Planloses Handeln bringt Ihnen vor allem im Beruf nur Nachteile.

DAS SCHLÜSSELORAKEL MIT DEM PARTNER

Sie gehen genauso vor wie beim ersten Spiel. Mit einem Würfel wird ermittelt, wer von Ihnen beiden beginnt: Jeder Partner würfelt dreimal. Wer die höchste Augenzahl erreicht hat, darf mit dem Werfen des Schlüssels beginnen. Wenn der erste Schlüssel auf der Unterlage liegt, muß der Mitspieler versuchen, seinen Schlüssel so zu werfen, daß sich eines der angegebenen Bilder (im Partnerkasten) ergibt. Läßt sich kein Bild zuordnen, muß das Spiel wiederholt werden. Stimmen die Schlüssel nach dem Wurf beider Partner mit einem der Bilder überein, lesen Sie in der nachstehenden Auswertung nach, welche gemeinsame Zukunft Sie beide erwartet.

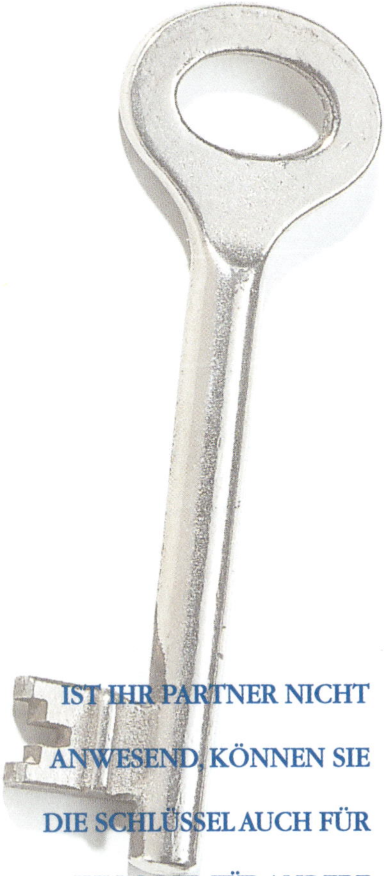

IST IHR PARTNER NICHT ANWESEND, KÖNNEN SIE DIE SCHLÜSSEL AUCH FÜR IHN ODER FÜR ANDERE MENSCHEN BEFRAGEN, DIE IN EINER ENGEN BEZIEHUNG ZU IHNEN STEHEN.

GEKREUZT: BART NACH OBEN

Es nützt Ihnen beiden nichts, wenn Sie Heimlichkeiten voreinander haben. Offenheit, besonders, was Ihre Gefühle betrifft, könnte so manche Unstimmigkeit in Ihrer Beziehung klären. Dennoch sollten Sie keine Entscheidungen erzwingen. Lassen Sie die Dinge reifen, aber nicht schleifen. Krisen erweisen sich häufig als große Chance, um gemeinsam einen neuen Weg zu beschreiten. Wenn Sie gemeinsam diese schwierige Zeit durchgestanden haben, wird Ihre Partnerschaft sehr beständig sein.

GEKREUZT: BART NACH UNTEN

Nehmen Sie sich wieder mehr Zeit füreinander. Karriere und guter Verdienst sind zwar etwas Positives, aber nur, wenn die Partnerschaft nicht darunter leidet. Beruflicher Erfolg alleine würde Sie nicht glücklich machen. Schenken Sie Ihrem Partner genügend Aufmerksamkeit und widmen Sie Ihre freie Zeit gemeinsamen Unternehmungen. Ihr Partner wird es Ihnen danken. Denken Sie daran: Oft sind es die kleinen Aufmerksamkeiten, die besonders geschätzt werden.

SCHLÜSSEL PARALLEL: BART NACH AUSSEN

Sie haben nicht nur Glück im Beruf, sondern werden auch eine schöne Zeit in der Liebe erleben. Kennen Sie Ihren Partner erst seit kurzer Zeit, dann haben Sie einen wirklichen Glücksfang gemacht. Gemeinsam werden Sie viele harmonische Stunden erleben. In dieser Partnerschaft treten keine größeren Probleme auf, kleinere Unstimmigkeiten können schnell beseitigt werden. Wenn Sie sich des Werts der Beziehung bewußt werden und Ihrem Partner Ihre Gefühle zeigen, kann sich etwas Ernsthaftes entwickeln.

SCHLÜSSEL PARALLEL: BART NACH INNEN, OBEN

In diesem Jahr bietet es sich für Sie an, den Bund fürs Leben zu schließen oder Ihre Bindung zu vertiefen. Geben Sie Ihre Zurückhaltung auf, Sie haben keinen Grund dazu. Je eher Sie anfangen, Ihre gemeinsame Zukunft zu planen, desto mehr Sicherheit wird Ihnen Ihre Partnerschaft geben. Es ist jedoch nicht ausgeschlossen, daß Ihre neue Liebe einem „alten Partner“ gehört – auch wenn Sie sich dessen heute noch nicht bewußt sind.

SCHLÜSSEL HORIZONTAL: BART NACH UNTEN

Freuen Sie sich auf einen schönen gemeinsamen Sommer. In dieser Zeit werden Sie leidenschaftliche und tiefe Gefühle füreinander empfinden, die Ihre Beziehung nachhaltig beeinflussen. Haben Sie keine Angst vor Ihren Empfindungen. Seien Sie mutig und öffnen Sie sich Ihrem Partner. Nur so hat er die Chance, Sie voll und ganz zu erobern. Wenn Sie bis jetzt noch gezögert haben, Ihre Liebe einzugestehen, ist jetzt der richtige Zeitpunkt.

IHR UNTERBWUSSTSEIN IST IHR BESTER RATGEBER. JE MEHR SIE SICH AUF DIE FRAGEN KONZENTRIEREN, DESTO VERLÄSSLICHER WIRD DAS ORAKEL IHRE FRAGEN BEANTWORTEN.

SCHLÜSSEL HORIZONTAL: BART NACH OBEN

Die Gefühle, die man Ihnen entgegenbringt, sind echt. Das haben Sie Ihrer starken Ausstrahlung und Ihrer Aufrichtigkeit zu verdanken. Verprellen Sie den Partner nicht, indem Sie zuwenig auf seine Bedürfnisse eingehen. In dieser Beziehung müssen auch Sie einmal über Ihren Schatten springen. Blicken Sie nach vorne, um Ihr Glück zu verwirklichen. Die Vergangenheit läßt sich nicht ändern und wirft unnötig Schatten auf Ihre Partnerschaft.

SCHLÜSSEL IM DREIECK ZUGENEIGT: BART NACH INNEN

Ein gemeinsamer Urlaub an einem romantischen Ort kann vieles wieder ins rechte Lot rücken und alte Unstimmigkeiten beseitigen. Schon wenige Tage genügen, um neue Reserven für kommende Zeiten zu schaffen. Wälzen Sie bei aller Harmonie aber keine Probleme ab, versuchen Sie Distanzen zu überbrücken. Oft ist es wertvoller, an einer Beziehung festzuhalten, als bei den kleinsten Problemen nach dem nächsten Abenteuer Ausschau zu halten.

SCHLÜSSEL IM DREIECK ZUGENEIGT: BART NACH AUSSEN

Möglich, daß Sie zur Zeit nicht mehr so recht wissen, wohin Sie gehören und was Sie von Ihrer Partnerschaft zu halten haben. Doch diese Phase geht bald vorüber. Nehmen Sie alles nicht so ernst und treffen Sie vor allem keine überstürzten Entscheidungen. Halten Sie wie bisher an Ihren Lebenszielen fest und lassen Sie sich nicht beeinflussen. Diese Taktik kommt Ihnen in jeder Beziehung zugute.

DIE KUNST DES

Die Kunst und Technik des Bleigießens kommt aus dem Mittelalter. Zur damaligen Zeit war der Umgang mit Blei alltäglich, es war in jedem Haushalt vorhanden. Es wurde benutzt, um daraus Gewehrkugeln anzufertigen oder um die Butzenscheiben einzufassen.

Schnell entdeckte man, daß flüssiges Blei bizarre Formen und Symbole bildet, wenn man es in kaltes Wasser gießt. Diese Eigenschaft wurde häufig und gerne genutzt, um einen Blick in die Zukunft zu werfen. Blei goß man dann, wenn besondere Ereignisse wie Geburten, Brautwerbungen oder Hochzeiten bevorstanden, aber auch vor einer Schlacht.

> DAS GEGOSSENE BLEI KANN ZU EINEM WAHREN SPIEGELBILD DER SEELISCHEN VERFASSUNG WERDEN, DENN INNERE RUHE ODER UNRUHE ÜBERTRÄGT SICH DIREKT AUF DIE HAND, DIE DEN GIESSLÖFFEL FÜHRT.

Aus diesem einstigen Zukunftsorakel für das ganze Jahr wurde nach und nach ein beliebtes Gesellschaftsspiel für den Silvesterabend, den Tag vor dem Jahreswechsel. Es ist ein vergnügliches Orakel für eine oder mehrere Personen.

Fertige Sets zum Bleigießen sind um die Weihnachtszeit in Kaufhäusern, Schreibwarenläden oder einschlägigen Geschäften erhältlich. Man kann auch Kerzenwachs verwenden, jedoch sind Formen und Symbole aus Blei besser erkennbar und stabiler, wenn man sie zur Erinnerung an die Vorhersage aufbewahren will.

WIE GEHT DAS BLEIGIESSEN VOR SICH?

- Ausschlaggebend beim Bleigießen ist die persönliche Verfassung, denn sie beeinflußt die endgültige Form des Bleis. Wer sein Blei ausgeglichen ins kalte Wasser kippt, wird eine harmonischere Form erhalten als jener, der sein Blei aufgeregt, zaghaft und zaudernd formt.

- Für das Gießen benötigen Sie Blei, einen Löffel, eine Kerze und ein Gefäß von etwa zehn Zentimetern Höhe und zehn bis fünfzehn Zentimetern Durchmesser. Dieser Behälter wird mit kaltem Wasser gefüllt.

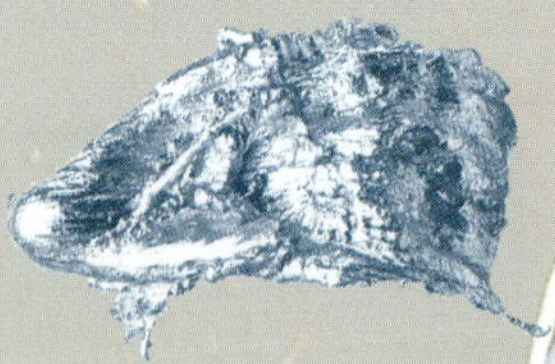

BLEIGIESSENS

★ Zuerst schaffen Sie eine ruhige, angenehme, entspannte Atmosphäre – ganz gleich, ob Sie das Orakel alleine oder in Gesellschaft befragen.

★ Ein Stück Blei wird in einen Löffel gelegt, der meist Bestandteil des Sets ist. Den Löffel halten Sie über die Kerzenflamme.

★ Wenn sich während des Schmelzens über dem flüssigen Blei im Löffel eine Haut bildet oder sich Schlacken (z. B. Kerzenruß) im Blei ablagern, entfernen Sie diese mit einem kleinen Holzstab, damit der Guß rein und formschön bleibt.

★ Wenn das Blei zu schmelzen beginnt, kippen Sie es rasch in die Wasserschale hinein. Das muß sehr schnell geschehen, damit sich nicht nur winzige Krümel bilden, die keinerlei Form aufweisen, sondern das Blei möglichst im Ganzen erstarrt.

FORMEN UND SYMBOLE DEUTEN

★ Nehmen Sie die gegossene Bleiform in Augenschein, lassen Sie sie ganz behutsam auf sich wirken, betrachten Sie die Figur und ertasten Sie ihre Oberfläche. Gehen Sie spielerisch und ganz unvoreingenommen vor. Entscheiden Sie sich erst dann für eine Aussage, wenn Sie einen persönlichen Kontakt zu Ihrer Figur aufgebaut haben.

★ Denken Sie im Augenblick noch nicht darüber nach, was die Form für Sie bedeuten könnte, sondern beschreiben Sie sie nur. Folgen Sie dabei Ihrem spontanen Gefühl – und halten Sie den ersten Eindruck, den ersten Geistesblitz, der in Ihnen entsteht, fest. Dadurch können Sie Ihr Unterbewußtsein anzapfen und mit ihm in Kontakt treten.

★ Nachdem Sie eine Form oder Figur erhalten haben, sehen Sie in der Auswertungstabelle nach, welche Bedeutung ihr zukommt.

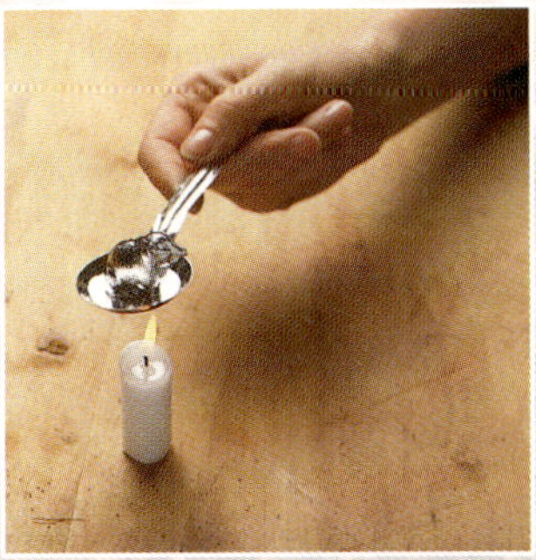

HALTEN SIE DEN LÖFFEL MIT DEM BLEI KNAPP UNTER DIE SPITZE DER FLAMME. HIER IST DIE TEMPERATUR AM HÖCHSTEN.

EIN BEISPIEL ZUR DEUTUNG:

Aus Ihrem Blei formt sich das Gesicht einer Frau. Sie nehmen es aus dem Wasser heraus und legen es vor sich hin. Sie schließen kurz die Augen und versuchen dabei, das Bild der Frau vor Ihrem inneren Auge noch einmal entstehen zu lassen.

Ist es Ihnen auch nur einigermaßen gelungen, öffnen Sie Ihre Augen und betrachten dann das Gesicht. Lassen Sie es im Rhythmus Ihrer Atemzüge auf sich wirken. Vielleicht schiebt sich jetzt ein anderes Bild dazwischen – das Bild einer Person, die Ihnen sehr am Herzen liegt oder die Sie für sich erobern möchten. Es können Gedanken in Ihnen aufsteigen, Ideen, andere Bilder. Lassen Sie sich inspirieren, dann notieren Sie alles und halten Einzelheiten fest, an die Sie sich erinnern können. Das kann Ihnen bei zukünftigen Entscheidungen sehr helfen.

FALLS DEM BLEIGIESS-SET KEIN LÖFFEL BEILIEGT, KÖNNEN SIE EINEN NORMALEN METALLENEN ESSLÖFFEL VERWENDEN. VON TAFELSILBER IST ABZURATEN, DENN DAS SCHMELZEN WÜRDE DAMIT ZU LANGE DAUERN.

DIE BEDEUTUNG DER FORMEN, SYMBOLE UND FIGUREN

AAL Ein Lebensweg verläuft in vielen Kurven.
ADLER Große Ehren werden Ihnen zuteil.
AMBOSS Das Eisen muß geschmiedet werden, solange es heiß ist. Zögern Sie nicht lange, wenn eine Entscheidung ansteht.
AUGE Sie werden in den nächsten vier Wochen viel Erfreuliches zu sehen bekommen und freudig durchs Leben gehen.
AUTO Eine Reise steht Ihnen bevor.
AXT Es wird Schwierigkeiten geben.

BACH Sie sollten sich zuerst mit einem Freund beraten, bevor Sie sich an ein Problem heranwagen.
BALL Das Glück rollt auf Sie zu.
BANK Sie werden sich in kurzer Zeit verlieben.
BAUM Ihre Energie ist unerschöpflich.
BETT Beugen Sie Erkältungen vor.
BLÄTTER Viel Freude wird Ihnen zuteil.
BLUME Überraschungen kommen auf Sie zu.

BLÜTE Ihr Vorhaben wird gelingen.
BRIEF Eine gute Nachricht wird Sie erfreuen.
BRILLE Seien Sie nicht zu vertrauensselig.
BUCH Sie werden bald einen sehr klugen Menschen kennenlernen.

BUCHSTABEN
A: Ein Vorhaben wird gut gelingen.
B: Sie dürfen sich nicht länger verkriechen.
C: Alles ist im Ungewissen.
D: Gute Dinge brauchen Reife.
E: Vermeiden Sie Extreme in jeder Form.
F: Gute Ideen fließen Ihnen zu.
G: Vermeiden Sie zu große Vertrautheit mit fremden Menschen.
H: Schließen Sie endlich Frieden mit sich selbst.
I: Nehmen Sie ruhig auch einmal die Hilfe Ihrer Freunde in Anspruch.
J: Legen Sie nicht zuviel Wert auf die Meinung anderer.
K: Nutzen Sie Ihre Kraft. Sie haben sehr viel davon.
L: Geld ist nicht alles auf der Welt.
M: Besinnen Sie sich öfters auf Ihre innere Kraft.
N: Hören Sie mehr auf Ihre innere Stimme.
O: Nicht alle Wünsche werden erfüllt. Daran sollten Sie manchmal denken.
P: Fehler sind dazu da, um aus Ihnen zu lernen.
Q: Nur Sie allein sind verantwortlich für das, was Sie sagen oder tun.
R: Ihre Ängste sind unbegründet.
S: Grübeln Sie nicht zu sehr über das Morgen nach. Alles wird wieder gut.
T: Ihre Wünsche realisieren sich, wenn Sie an sich selbst glauben.
U: Die Zeit ist das kostbarste Gut in Ihrem Leben.
V: Peilen Sie größere Ziele an. Sie werden sie erreichen.
W: Plötzlicher Geldsegen bringt Ihnen Vorteile ein.
X: Nehmen Sie an, was Ihnen widerfährt.
Y: Sie haben ein beglückendes Leben vor sich.
Z: Geben Sie sich selbst niemals auf.

DEGEN Streit liegt in der Luft.
DRACHE Fortuna ist Ihnen hold.
DREIECK Unerwartete Hilfe wird Ihnen zuteil.

EIER Halten Sie sich zurück.
ELEFANT Eine unverhoffte Freude steht bevor.

LASSEN SIE DIE BLEIFIGUR EINEN ODER ZWEI TAGE SPÄTER NOCH EINMAL AUF SICH WIRKEN. DANN KÖNNEN SIE AUFSTEIGENDE GEFÜHLE UND EMPFINDUNGEN MIT DENEN DES ERSTEN TAGES VERGLEICHEN. SIE ERHALTEN DADURCH NÜTZLICHE HINWEISE AUF IHRE SEELISCHEN REGUNGEN.

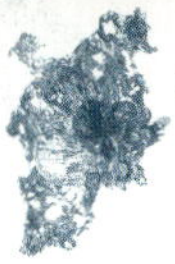

ESEL Hohn und Spott erwarten Sie.
EULE Sie haben sich in einer persönlichen Sache richtig entschieden.

FENSTER Glück in der Familie.
FLASCHE Ein Gönner wird Sie einladen.
FRAU Eine liebenswerte Person wird in Ihr Leben treten.

GALGEN Sie werden einen Prozeß verlieren.
GANS Sie bekommen netten Besuch.
GELD Gute Chancen für einen Lottogewinn.
GLOCKE Eine Hochzeit oder Taufe steht ins Haus.

WENN SIE DARAN GEHEN, DIE FIGUREN ODER SYMBOLE ZU DEUTEN, VERSUCHEN SIE NICHT ZU BEGRIFFLICH ODER ZU LOGISCH ZU DENKEN. ÜBERLASSEN SIE SICH IHREN GEFÜHLEN UND IHRER INTUITION.

HAMMER Ein begonnenes Werk wird Ihnen mißlingen.
HANDSCHUHE Sie erhalten eine Auszeichnung.
HASE Stehen Sie zu Ihren Entscheidungen.
HAUS Ihr Lebensweg ist vom Glück begünstigt.
HERZ Einige Ihrer größten Wünsche werden sich erfüllen: Verlobung, Heirat oder die Liebe Ihres Lebens.
HUHN Eine wichtige Nachricht trifft bald ein.
HUT Geben Sie in einer bestimmten Sache nicht nach.

KAMEL Sie dürfen sich weder Fremden noch Ihren Kollegen gegenüber eine Blöße geben.
KATZE Ermahnen Sie den Partner zur Offenheit.
KEGEL Gute Gewinnaussichten ergeben sich.
KOPF Ihre heimliche Liebe wird ja sagen.
KORB Man wird Ihnen einen solchen bald verpassen.
KREIS Alles Grübeln bringt Ihnen nichts. Warten Sie drei Wochen ab, dann wird sich einiges entscheiden.
KRUG Ein Mißgeschick steht Ihnen bevor.
KUGEL Geben Sie auf keinen Fall nach.
KUTSCHE Es steht Ihnen eine berufliche oder persönliche Ortsveränderung bevor.

LAMPE Viele schöne Tage liegen vor Ihnen.
LÖWE Sie haben das Interesse eines wichtigen Menschen geweckt.

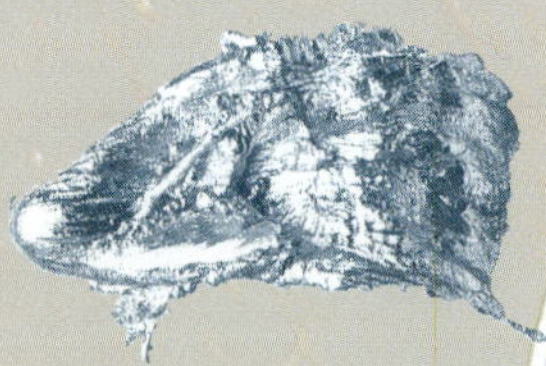

MAUS Gehen Sie ehrlicher mit Ihrem Partner um.
MESSER Unterbrechen Sie den neuen Kontakt auf keinen Fall.

MÜNZE Bald wird Ihnen Geld ins Haus regnen.
MUSCHEL Glück und Erfolg sind Ihnen gewiß.

OHRRING Nehmen Sie sich nicht alles so zu Herzen. In we Tagen zeigt sich eine Lösung.

PENTAGRAMM Schränken Sie sich selbst nicht zu sehr ein.
PFEIL Jemand will Ihnen eine Falle stellen.
PYRAMIDE Eine großzügige Erbschaft fällt Ihnen überraschend zu.

QUADRAT Ein Erlebnis gibt Ihnen sehr zu denken.

RAD Beeilen Sie sich, sonst könnte es für Sie wirklich zu spät sein.
ROSE Ein Wunsch erfüllt sich schneller, als Sie glauben.

SARG Eine traurige Nachricht wird alle Ihre Pläne verändern.
SCHLÜSSEL Ein Geschäftspartner kommt Ihnen sehr entgegen.
SCHWEIN Die Glücksgöttin hat Sie in ihr Herz geschlossen.
STIEFEL Ein Freund hat nichts Gutes mit Ihnen vor.
STUHL Schonen Sie Ihre Nerven. Ihr Körper wird es Ihnen danken.

TAUBE Versöhnen Sie sich wieder mit einem Freund.
TISCH In der Familie herrscht große Harmonie.
TREPPE Sie werden im Leben gut vorankommen.
TURM Ein langerwarteter Besuch rückt alles wieder ins Lot.

UHR Sie dürfen keine Zeit mehr verlieren.

VOGEL Handeln Sie jetzt. Es wird halb so schlimm werden, wie Sie es sich vorgestellt haben.

WAFFEN Sie müssen mit Ärger, Streit, Verdruß und Verlusten rechnen.
WAGEN Sie werden bald verreisen oder Neuigkeiten erfahren.
WEINTRAUBE Das neue Jahr wird noch besser als das vergangene.
WOLKE Schwere Stunden stehen Ihnen bevor.

ZAHLEN Sie symbolisieren Zeitangaben: Stunde, Tag, Monat, Jahr.
ZWIEBEL Im neuen Jahr stehen Ihnen berufliche Veränderungen ins Haus, die sich als positiv erweisen werden.

AM BESTEN HALTEN SIE DIE EMPFINDUNGEN, DIE SIE IM ERSTEN KONTAKT MIT DEM BLEISYMBOL ERFAHREN, SCHRIFTLICH FEST.

DAS DOMINO

Die alten mongolischen Weisen zogen einst zur Zukunftsdeutung und zur Erforschung des Schicksals kunstvoll bemalte Dominokarten heran, die in mühevoller Handarbeit aus hauchdünnen Bambusblättchen angefertigt wurden. Im 18. Jahrhundert fanden diese Täfelchen ihren Weg nach Europa, und der geheimnisvolle Graf von St. Germain benutzte sie mit großem Erfolg für seine hellseherischen Visionen. Das Dominoorakel basiert auf der Numerologie, der Magie der Zahlen, und damit auf dem Grundbedürfnis des Menschen nach Ordnung. Seit jeher gelten beispielsweise ungerade Ziffern als „glücklich" – ein Grund, warum viele rituelle und religiöse Handlungen oder Gebete in ungerader Zahl wiederholt werden.

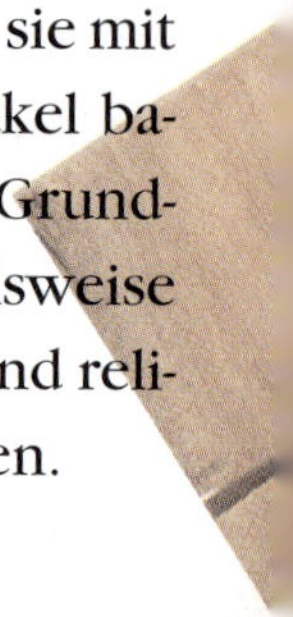

NACH ANDEREN QUELLEN IST DAS DOMINO SPIEL AUS NORDAFRIKA IN UNSERE BREITEN GEKOMMEN.

WIE BEFRAGE ICH MIT DEN DOMINOSTEINEN DIE ZUKUNFT?

Ein Dominospiel ist in jeder Spielwarenhandlung erhältlich. Es besteht aus 28 Steinen von Doppel-Sechs bis Doppel-Blank. Enstpannen Sie sich, und schreiben Sie in einer ruhigen Minute alle Fragen, die Sie zu folgenden Bereichen haben, nebeneinander auf ein Blatt Papier.

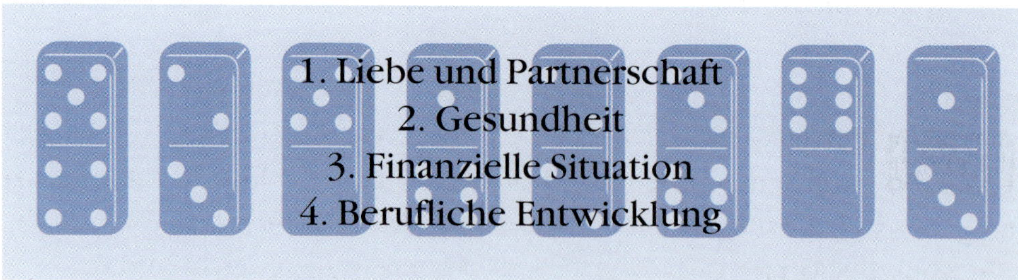

1. Liebe und Partnerschaft
2. Gesundheit
3. Finanzielle Situation
4. Berufliche Entwicklung

Vor dem Spiel werden die Dominosteine verdeckt auf den Tisch oder Boden gelegt und gründlich gemischt. Dabei konzentrieren Sie sich auf Ihre Frage, kreisen einige Male mit der flachen Hand über den ausgelegten Steinen und nehmen dann ganz spontan einen Stein in die Hand. Er gibt Ihnen Auskunft auf Ihre Frage.

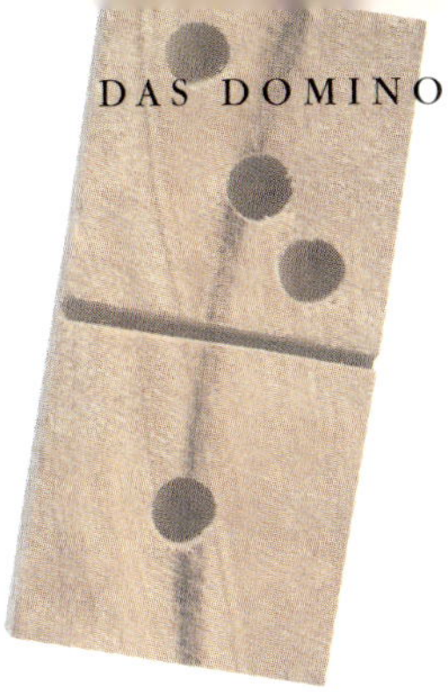

ORAKEL

DIE BEDEUTUNG DER DOMINOSTEINE

 Sie haben auf der ganzen Linie Erfolg. In zwölf Tagen oder Wochen werden Sie viel Geld erhalten oder jemanden kennen- und lieben lernen, der sehr wohlhabend ist. Diese Person wird Sie in jeder Beziehung unterstützen. Bei allen Geschäften, die Sie in der nächsten Zeit anpacken, steht Ihnen ein großer Gewinn ins Haus.

 Endlich können Sie wieder Hoffnung schöpfen. Viele Dinge, die Sie schon lange vorhaben und planen, lassen sich jetzt verwirklichen. Im Frühjahr des nächsten Jahres werden Sie sich beruflich zu Ihren Gunsten verändern. Etwa zur gleichen Zeit begegnen Sie einem Menschen, in den Sie sich Hals über Kopf verlieben.

 Falls Sie vorhaben zu heiraten, sollten Sie es in den nächsten sechs Monaten tun. Eine glückliche Phase liegt vor Ihnen. Alle Probleme, die Ihnen bisher im Magen lagen, können zu Ihrer Zufriedenheit gelöst werden. Gehen Sie alles mit großer Zuversicht und mit großen Erwartungen an. Es wird sich für Sie sehr vorteilhaft entwickeln.

DAS DOMINOORAKEL EIGNET SICH FÜR DIE EINZELBEFRAGUNG EBENSO WIE ALS ORAKELSPIEL MIT EINEM PARTNER.

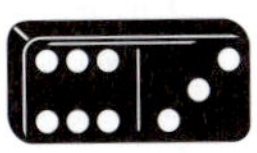 Jemand, den Sie schon sehr lange verehren, wird Ihnen unverhofft seine Zuneigung gestehen. Zögern Sie Ihre Zusage nicht zu lange hinaus, sonst fährt der Zug ohne Sie ab. Ein Nebenbuhler, der nichts unversucht läßt, steht nämlich schon in den Startlöchern.

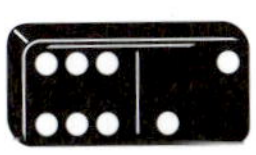 Drei Monate nach dem Ziehen dieses Steines lernen Sie einen Menschen kennen, der Ihnen aufrichtig zur Seite steht. Er öffnet Ihnen in einer bestimmten Angelegenheit die Augen und deckt eine Intrige auf, die Ihnen sehr geschadet hätte.

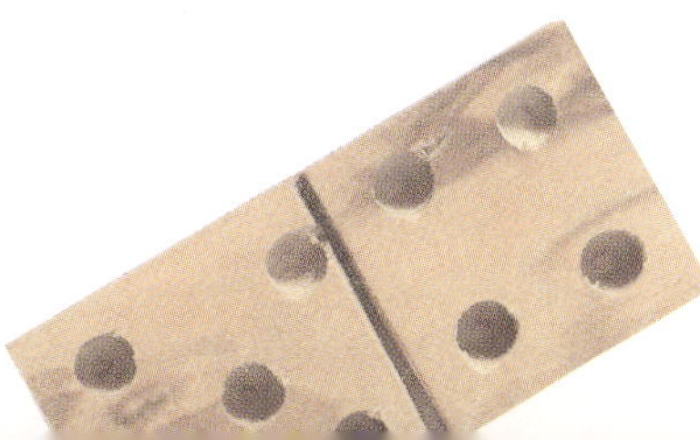

Sie müssen sich auf einschneidende Veränderungen gefaßt machen. Halten Sie sich in einer persönlichen Angelegenheit zurück, sonst kommt es zum Streit und Sie verlieren einen guten Freund. Gönnen Sie sich immer wieder erholsame Pausen, damit Sie die Anforderungen der nächsten Wochen gut bewältigen können.

Sie dürfen nicht darauf hoffen, daß Ihnen von selbst etwas zufallen könnte. Sie müssen durch eigene Leistung zum Erfolg kommen. Halten Sie sich mit unvorsichtigen Äußerungen zurück. Weite Reisen sollten Sie in drei Monaten antreten.

Schonen Sie auf jeden Fall Ihre Gesundheit und folgen Sie Ihrem natürlichen Rhythmus. Ihre Vitalität ist sehr gebremst, geistige und körperliche Leistungen fallen Ihnen daher etwas schwerer als sonst. Wenn Sie größere Projekte angepeilt haben, lassen sich diese derzeit nicht verwirklichen. Warten Sie ab.

In der nächsten Zeit dürfen Sie etwas mehr riskieren als sonst. Sie sind sehr geschäftstüchtig und haben viele Gönner. Bei der Lösung schwieriger Geldfragen wird man Ihnen bereitwillig entgegenkommen. Ein Mensch, von dem Sie es nicht erwartet haben, wird Sie enttäuschen. Ziehen Sie die richtigen Lehren daraus.

BEREITS ALBRECHT DÜRER LIESS SICH VON DER MAGIE DER ZAHLEN LEITEN. EINER SEINER HOLZSCHNITTE ZEIGT EIN MAGISCHES QUADRAT – DAS QUADRAT DES JUPITER.

In nächster Zeit sind keine besonderen Höhepunkte, aber auch keine besonderen Probleme in Sicht. Das Leben plätschert angenehm dahin. Es kann eigentlich gar nichts schieflaufen. Es sei denn, Sie werden zu übermütig und lassen alle Vorsichtsmaßnahmen außer acht. In diesen Tagen werden Sie schätzen lernen, was Ihre Partnerschaft wert ist.

Bleiben Sie besonnen und vertagen Sie wichtige Entscheidungen möglichst auf den nächsten Monat. Dann sehen Sie klarer und wissen, ob es noch einen Sinn hat, die Partnerschaft aufrecht zu erhalten. In einer Woche wird man Ihnen die Gewissensfrage stellen. Lehnen Sie einen Kompromiß nicht ab.

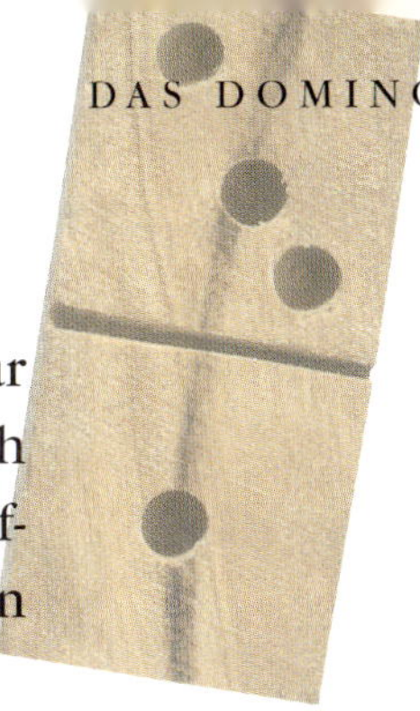

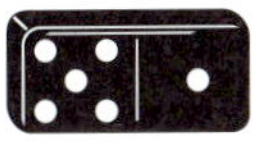
Ein schwieriger Abschnitt ist endlich überstanden. Es geht zwar nicht gleich wieder aufwärts, einige Zeit müssen Sie sich noch etwas in Geduld üben. Doch am Horizont ist wieder Licht zu sehen. Berufliche Veränderungen sollten Sie derzeit nicht anpeilen, denn die Chancen stehen nicht sehr gut. Belassen Sie im Augenblick alles so, wie es ist.

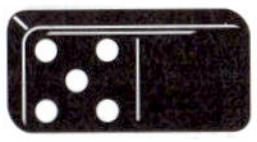
Finger weg von Glücksspielen jeglicher Art! Gehen Sie kein Risiko ein, verleihen Sie kein Geld, wenigstens keine größeren Beträge. Nicht nur herbe Verluste wären die Folge, auch Ihr Ansehen als Person würde sehr darunter leiden. Besinnen Sie sich lieber auf Ihre angeborenen Fähigkeiten und Talente und setzen Sie diese in die Tat um.

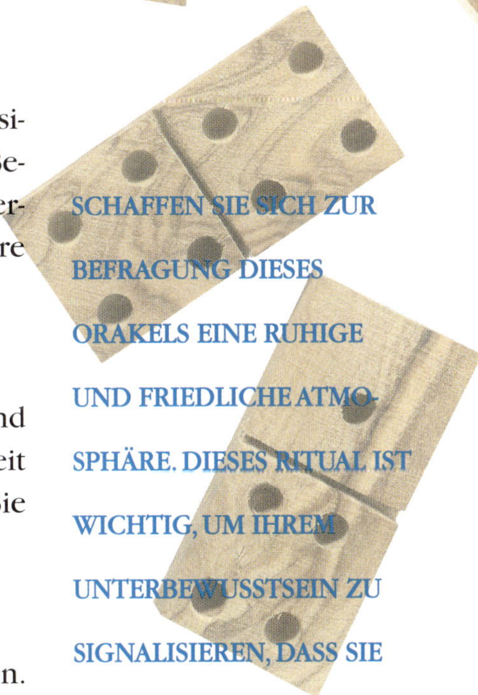

SCHAFFEN SIE SICH ZUR BEFRAGUNG DIESES ORAKELS EINE RUHIGE UND FRIEDLICHE ATMOSPHÄRE. DIESES RITUAL IST WICHTIG, UM IHREM UNTERBEWUSSTSEIN ZU SIGNALISIEREN, DASS SIE BEREIT SIND.

Geschäfte müssen vorsichtig angepackt, Verträge intensiv und akribisch geprüft werden. Denken Sie an die Vergangenheit zurück. Fehler dieser Art dürfen Sie nicht wiederholen. Im Beruf sollten Sie versuchen, das Erreichte zu festigen und auszubauen.

Lassen Sie sich durch die Kritik von anderen nicht irritieren. Bleiben Sie auf dem von Ihnen eingeschlagenen Kurs. In einem Monat bestehen gute Aussichten, wieder zusammenzufinden und die Partnerschaft auf eine neue Basis zu bringen. Nehmen Sie sich Zeit und warten Sie geduldig ab, bis Ihr Partner auf Sie zukommt.

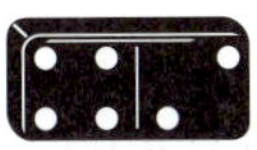
Jetzt ist keine gute Zeit, sich beruflich zu verändern oder eine andere Richtung einzuschlagen. Folgen Sie Ihrer inneren Stimme und achten Sie auf sämtliche Eingebungen. Es könnten unbezahlbare, wertvolle Hinweise auf Ihr zukünftiges Leben sein. Sie dürfen in der nächsten Zeit mit erfreulichen, überraschenden Veränderungen rechnen.

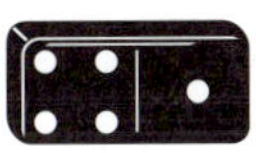
In Ihrer Partnerschaft kriselt es noch immer. Daran sind Sie nicht ganz unschuldig. Hüten Sie sich vor unberechtigten Vorwürfen und wärmen Sie nicht immer wieder die alten Geschichten auf. Das wäre falsch und würde die Krise noch mehr vertiefen. Mit einigem Einfühlungsvermögen ergeben sich neue Möglichkeiten, wieder zusammenzufinden.

Sie sollten Ihre Meinung nicht zu oft ändern. Das irritiert Ihre Mitmenschen. Bleiben Sie dem, was Sie sich vorgenommen haben treu und ziehen Sie es konsequent durch. Habn Sie keine Angst davor, Fehler zu machen, Sie können daraus nur lernen. Gehen Sie im geschäftlichen Bereich nicht zu sehr von großen Gewinnen aus, sondern setzen Sie auf den soliden Fortschritt in kleinen Schritten.

Ganz so reibungslos wie die letzten Monate werden die nächsten nicht verlaufen. In der Partnerschaft könnte es zu Zerwürfnissen kommen. Suchen Sie die Schuld nicht bei anderen, sondern vergegenwärtigen Sie sich, daß es nur an Ihnen liegt, Ordnung und Klarheit in Ihr Liebesleben zu bringen.

DECKEN SIE AN EINEM TAG NICHT MEHR ALS DREI STEINE AUF. DIE AUSSAGEN SIND SONST NICHT MEHR VERLÄSSLICH UND WEISEN IHNEN DEN FALSCHEN WEG.

Jetzt sollten Sie eine Reise in Angriff nehmen, einen Kurzurlaub planen oder spontan Freunde besuchen. Es könnten sich einige Glücksfälle ergeben. Falls Sie noch nicht fest an einen Menschen gebunden sind, haben Sie in den nächsten Wochen die besten Chancen, ein Herz zu erobern oder zurückzugewinnen.

Ganz so zügig geht es nicht mehr voran. Sie sind jetzt eher aufgefordert, das bisher Erreichte abzusichern, aber keine großen Veränderungen in Angriff zu nehmen. Nach etwa vier Wochen sollten Sie die wichtigsten Etappen geschafft haben. Dann können Sie wieder aufatmen und sorglos das nächste halbe Jahr erwarten.

Eine harte Auseinandersetzung steht Ihnen bevor. Die Ursachen liegen in der Vergangenheit. Sie werden letztendlich Sieger bleiben, weil Sie die besseren Argumente haben. Es wird aber nicht ganz einfach sein und Sie werden alle Kräfte einsetzen müssen, um sich behaupten zu können. Ihr ganzer Einfallsreichtum ist gefragt.

Sie bedeuten einem Menschen mehr, als Sie ahnen. Freuen Sie sich auf die nächsten Wochen. Sie werden mit Ihrem Partner viele glückliche Stunden genießen. Ihr beruflicher Aufstieg hängt von der persönlichen Leistung ab. Sie müssen nur Ihren Einfallsreichtum einsetzen und vermeintliche Hürden überwinden. In zwei Monaten ergeben sich neue Perspektiven, mit denen Erfolge einhergehen werden.

Wiederholen Sie Ihren Anlauf, wenn etwas nicht sofort klappen sollte. Die zu überwindenden Hindernisse sind wesentlich kleiner, als Sie befürchten und Ihre Sorgen grundlos. Es gilt nur rechtzeitig zuzugreifen und keine Zeit verstreichen zu lassen. Denken Sie daran, daß eine gute Beziehung auch aus Kompromissen besteht.

Lassen Sie sich von keinem Menschen den Wind aus den Segeln nehmen. Einiges läßt sich bei Ihnen momentan zwar nicht in Einklang bringen, aber das ist wirklich kein Grund, den Mut zu verlieren und zu resignieren. Sie dürften bald ernten, was Sie in den letzten Monaten gesät haben, und werden neue Aufgabengebiete entdecken.

Liebesangelegenheiten stehen unter einem guten Stern. Unstimmigkeiten lösen sich auf, danach herrscht wieder eitel Freude und Sonnenschein. Mit neuen Beziehungen sollten Sie etwas vorsichtig sein. Sie könnten an den Falschen geraten und sich damit großen Kummer bereiten. Haben Sie Geduld, die große Wende kommt.

Achten Sie darauf, daß Sie nicht alles, was hereinkommt, umgehend wieder an andere verschenken. Planen Sie in Geldangelegenheiten besser und klüger, sonst drohen Ihnen große Verluste, die Sie nicht mehr ersetzen können. Streben Sie eine andere, besser dotierte berufliche Position an. Glückliche »Zufälle« fügen alles bestens zusammen.

Der schlechteste von allen Steinen. Nichts geht voran, alles läuft schief. Sehen Sie den Tatsachen einfach ins Auge und warten Sie ab, bis wieder bessere Zeiten kommen. An der augenblicklichen Situation können Sie in den nächsten Wochen sowieso nichts ändern. Geben Sie die Hoffnung nicht auf, in zwei Monaten sieht Ihr Leben wieder ganz anders aus. Es geht langsam wieder aufwärts.

TRIFFT EINE DEUTUNG NICHT AUF IHRE FRAGE ZU, HORCHEN SIE IN IHR INNERES, OB DORT NICHT EINE – OFFENSICHTLICH WICHTIGERE – FRAGE VERBORGEN IST.

DAS GROSSE

Das größte geistig-seelische Kapital des Menschen sind seine Träume. Sie stehen immer und jederzeit zu seiner Verfügung und lassen sich auf tausendfältige Art und Weise nutzen, variieren und einsetzen.

Die Zukunft in Träumen erleben? Künftige Ereignisse im Schlaf vorwegnehmen? »Hellsehen« durch Träume? Das klingt phantastisch, ist aber möglich und – so erstaunlich es scheint – für jeden erlernbar. Durch ein gezieltes Traumtraining können gegenwärtige und zukünftige Ereignisse positiv beeinflußt werden.

TRÄUME SIND DER SPIEGEL DER SEELE

MIT BEWUSST BEEINFLUSSTEN TRÄUMEN VERSUCHEN AUCH DIE SCHAMANEN ODER HEILER VON NATURVÖLKERN GEISTIGE BOTSCHAFTEN AUSZUSENDEN – ODER ANTWORTEN AUF DRINGENDE FRAGEN ZU BEKOMMEN.

Träume sind der Spiegel des unbewußten Seelenlebens, sie sind klare oder manchmal verborgene Botschaften, durch deren Entschlüsselung es jedem Menschen gelingen kann, seine eigentlichen Aufgaben herauszufinden. In Träumen können zum Beispiel gegenwärtige Alltagsprobleme auftauchen, die sich durch das bildliche Erleben leichter verarbeiten lassen. Sie können aber auch Bilder, Szenen und Symbole zukünftiger Ereignisse vorwegnehmen.

Das Unterbewußtsein, das den Traum steuert, greift zurück auf andere Inhalte: Es weiß mehr, es schöpft aus dem gesamten geheimen Wissen der Menschheit. Nicht nur die Nachtstunden sind der Beeinflussung von Träumen vorbehalten, auch während des Mittagsschlafes oder in den frühen Morgenstunden kann und darf geträumt werden.

LUZIDES TRÄUMEN

Luzides Träumen bedeutet, daß man sich seines Traumes voll bewußt ist, daß man zwar träumt, aber das Traumgeschehen selbst steuern kann. Dabei kann der Träumer seine Traumhandlung aktiv gestalten.

TRAUMORAKEL

DAS TRAUMTAGEBUCH

Wichtig für den richtigen Umgang mit den Träumen ist es, sie gleich nach dem Erwachen schriftlich festzuhalten. Legen Sie deshalb ein Traumtagebuch und einen Datenkalender mit Raum für tägliche Notizen an. Jeder Traum sollte mit dem Datum notiert werden. Das hilft bei späteren Vergleichen mit tatsächlichen Erlebnissen oder Begegnungen.

Intensive Träume werden mit allen Einzelheiten und kleinen Skizzen der erlebten Bilder gesondert aufgezeichnet. Bilder, die mehrfach auftreten, sind besonders wichtig. Durch sie können Sie Ihre Fortschritte in der Traumarbeit mit gezielten luziden Träumen kontrollieren und eingreifen, wenn Sie sich auf besondere Ereignisse vorbereiten wollen.

Das luzide Träumen ist leicht erlernbar, es bedarf nur stetiger Übung. Mit der Zeit werden Sie immer kreativer und bewußter träumen. Diese Technik hilft Ihnen auch bei der »Vorgestaltung« von Prüfungen, von Bewerbungsgesprächen oder bei der Versöhnung nach einem Streit oder bei Konflikten mit dem Partner oder mit Freunden.

VIELE MENSCHEN GLAUBEN FEST DARAN, DASS SIE ÜBER AKTIVES TRÄUMEN IHR SCHICKSAL POSITIV BEEINFLUSSEN KÖNNEN.

WIE GEHEN SIE VOR?

- Gehen Sie ganz gelöst, am besten nach einem entspannenden Bad, in Ihr Schlafzimmer.
- Bevor Sie einschlafen, besinnen Sie sich auf eine Frage, auf die Sie durch Ihren Traum eine Antwort bekommen möchten.
- Konzentrieren Sie sich fest darauf, daß Sie sich am anderen Morgen an Ihren Traum erinnern werden. Bitten Sie ihr Unterbewußtsein, »luzid« zu träumen. Dabei stellen Sie sich im Geiste Ihren liegenden Körper vor und beobachten, wie Sie langsam in den Schlaf fallen.
- Wiederholen Sie die geistige Sendung im Rhythmus Ihrer Atemzüge. Auch wenn Sie dabei in Tiefschlaf verfallen: Ihr positiver Geist wirkt weiter.

Träume von Bäumen, Pflanzen und Früchten

Träume von Pflanzen sind immer ein Zeichen dafür, daß man die tiefen Lebenskräfte, die im Unbewußten schlummern, mobilisiert. Denn die Pflanze ist das Symbol für das Leben an sich. Die verschiedenen Gewächse, die Ihnen im Traum erscheinen, geben Ihnen eine Antwort, wie Ihre Zukunft – bezogen auf eine ganz bestimmte Frage – aussehen wird.

VERSUCHEN SIE DIE TRAUMAUSSAGEN ZU ABSTRAHIEREN, DAMIT SIE EINE ANTWORT AUF IHRE PERSÖNLICHE SITUATION BEKOMMEN.

ANANAS Eine Ananas sehen oder essen bedeutet ein romantisches, liebevolles Erlebnis.

ÄPFEL Wer einen Apfel pflückt, wird ein Vorhaben gut auf die Reihe bekommen. Einen Apfel schälen kann auf enttäuschte Hoffnungen schließen lassen. Faule Äpfel bringen Ärger und Verdruß. Wenn man im Traum einen Apfel ißt, muß man sich vor falschen Freunden hüten.

ASTERN Astern gelten als Blumen, die keine guten Nachrichten mit sich bringen. Sie verkünden Kummer, Sorge und Leid.

BAUM Blüht er, sind glückliche Tage angesagt. Ist er dürr, kommt Unheil auf einen zu. Ein Baum mit wenigen Früchten verheißt gute Ideen und großes Entgegenkommen. Ein Baum mit vielen Früchten zeigt an, daß einem viele Schätze winken. Wer zufrieden unter einem Baum sitzt, der wird vom Glück begünstigt.

BEEREN Wer Beeren sucht oder findet, gibt sich im Leben sehr viel Mühe, ohne daß es sich lohnt.

BIRKE Ein sehr gutes Zeichen. Es wird Ihnen entweder ganz unerwartet etwas Gutes zustoßen, oder ein langjähriger Streit, der Sie sehr belastet, löst sich in Wohlgefallen auf.

BIRNEN Sie dürfen nicht allen Menschen vertrauen, die Ihnen von vornherein schöntun. Etwas mehr Skepsis vor allem gegenüber Fremden, aber auch gegenüber Kollegen, wäre angebracht.

BLUMEN Blumen erfreuen das Auge. Ihre Schönheit begeistert, Ihr Duft kann berauschen. Wer Blumen verschenkt, kann viele gute Freunde gewinnen – vorausgesetzt, er meint es ehrlich. Wer auf einer Sommerwiese Blumen pflückt, hat Glück in der Liebe.

CHRYSANTHEMEN Ihre Schönheit kann bezaubern. Dennoch deutet ihr Erscheinen darauf hin, daß man sich nach liebevollen Freunden oder dem richtigen Partner sehnt.

DATTELN Die vor allem im Orient beheimatete Frucht läßt, wenn sie im Traum erscheint, auf großes zukünftiges Liebesglück schließen.

EDELWEISS Sie dürfen Ihre Ziele nicht zu hoch stecken, Sie könnten damit scheitern. Gehen Sie langsam, aber sehr klug vor, dann stellt sich der Erfolg von alleine ein.

EFEU Liebesglück kann Ihnen winken, aber nur, wenn Sie nicht zu forsch vorgehen. Lassen Sie sich Zeit, dann entwickelt sich eine Partnerschaft, von der Sie immer geträumt haben.

EICHE Der Baum der Kraft und der Zuversicht. Ist die Eiche grün, kann man auf eine gute Gesundheit hoffen. Sind Äste und Zweige dürr und abgestorben, muß man sich von einem lieben Menschen trennen.

ENZIAN Wer davon träumt, sollte sich vor allgemeinen Gefahren hüten. Das können Unfälle oder Aggressionen sein, verursacht durch andere Menschen. Gehen Sie daher achtsam durchs Leben.

ERBSEN Erbsen, einzeln oder auch als Erbsengerichte, warnen vor Zank, Streit und langwierigen Auseinandersetzungen. Gehen Sie freundlich, aber bestimmt auf Ihre Mitmenschen zu, um derart unangenehme Situationen gar nicht erst entstehen zu lassen.

ERDBEEREN Sie versprechen besonderes Glück – aber nur dann, wenn sie frisch gepflückt worden sind.

FEIGEN Wer kurz vor der Ehe steht und in der Nacht vor der Hochzeit von Feigen träumt, der kann auf viel Glück in der Liebe und auf eine erfüllte Partnerschaft hoffen.

FLACHS Blühender Flachs ist immer ein gutes Zeichen. Er kündet von Wachstum, Lebenskraft und Geborgenheit, kann aber auch heißen, daß Wohlstand und Erfolg auf Sie zukommen.

FLIEDER Wer im Traum Flieder sieht, pflückt oder überreicht bekommt, ist erotisch sehr stark an einem bestimmten Partner interessiert.

FRÜCHTE Sie ernten bedeutet, daß das Glück im Anmarsch ist. Früchte kaufen – gleich welcher Sorte – ist ein Hinweis, darauf zu achten, welchen menschlichen Umgang man pflegt. Süße Früchte verheißen, daß man in gute Gesellschaft kommen wird. Saure Sorten wollen Ihnen sagen: Verwandte hecken Intrigen gegen Sie aus.

GEMÜSE Grünes Gemüse essen oder zubereiten bedeutet Traurigkeit, für die es keinen bestimmten Grund gibt. Handel mit Gemüse kündet von kommendem Streit und Hader.

JE ÖFTER EIN BESTIMMTES SYMBOL IN IHREN TRÄUMEN AUFTAUCHT, DESTO GRÖSSERE BEDEUTUNG MÜSSEN SIE IHM BEIMESSEN.

AN MANCHE TRAUMSYMBOLE WERDEN SIE SICH NICHT BILDLICH ERINNERN. DOCH SIE WERDEN BEIM AUFWACHEN WISSEN, DASS SIE IN IHREM TRAUM VORKAMEN.

GERSTE Durch Ihnen wohlgesonnene Menschen wird Ihnen in einer wichtigen Angelegenheit unerwartete Hilfe zuteil.

GRAS Ist es frisch, grün und saftig, zeugt es von Lebenskraft. Ist es dagegen dürr und fahl, kommt bald eine schlechte Nachricht auf Sie zu. Bereiten Sie sich schon jetzt innerlich darauf vor, dann werden Sie damit besser fertig werden.

GURKEN Alles Streben ist umsonst. Besser wäre es, abzuwarten, bevor man wichtige, vor allem persönliche Entscheidungen trifft.

HAFER Sorgen, die Sie sich in einer bestimmten Angelegenheit machen, sind unbegründet.

HAGEBUTTEN Sie müssen sich auf eine längere Zeit innerer Einsamkeit und Unruhe gefaßt machen.

HASELNÜSSE Augenblickliche Befriedigungen sollten vermieden werden. Nur so werden Sie Ihre großen Ziele erreichen.

HEIDEKRAUT Blüht es, darf man hoffen, auch wenn die Schwierigkeiten noch so unüberwindbar erscheinen. Ist es dürr und trocken, wird man zu großer Geduld gemahnt.

HIMBEEREN In nächster Zeit sollten Sie sich nicht zu große Hoffnungen machen – vor allem, was geschäftliche Vorhaben betrifft.

HOLUNDER Gesundheitliche Befürchtungen sind unbegründet. Dennoch schadet es nie, sich gesund zu ernähren und für ausreichend Bewegung an der frischen Luft zu sorgen. Eine solche Vorsorge wappnet Sie gegen alles, was in den nächsten Wochen auf Sie zukommen wird.

HYAZINTHE Ein guter Freund wird Ihnen mit finanziellen Mitteln zur Seite stehen. Zögern Sie nicht, diese Unterstützung anzunehmen. Eines Tages werden Sie sich dafür dankbar erweisen können.

IMMERGRÜN Ein langgehegter schlimmer Verdacht stellt sich als unbegründet heraus. Sie können optimistisch in die Zukunft schauen.

JASMIN Die Trennung von einem geliebten Menschen stellt sich nach kurzer Zeit als Vorteil für Sie heraus.

JOHANNISBEEREN Hören Sie auf Ihre innere Stimme, dann kann Ihnen nichts widerfahren.

KAKTEEN Gehen Sie nicht zu blauäugig an manche Dinge heran. Sorgfältiges Abwägen und kritisches Denken können Ihnen herbe finanzielle Verluste ersparen.

KAMILLEN Sie sollten keinen Raubbau mit Ihrem Körper treiben. Achten Sie vor allem in den nächsten Wochen auf erholsame Ruhepausen und gönnen Sie sich mehr Schlaf.

KARTOFFELN Sie werden in den nächsten Wochen einen steinigen Lebensweg vor sich haben.

KASTANIEN Legen Sie nicht zuviel Wert auf das Urteil anderer Menschen. Erkennen Sie sie lediglich als wertvolle Chance für die weitere Entwicklung Ihres Charakters und Ihrer Persönlichkeit.

KIEFER Mit Ihrer Gesundheit steht es zum Besten. Damit es so bleibt, sollten Sie gute Angewohnheiten wie gesundes Essen, ausreichend Schlaf und Bewegung sowie wenig Alkoholgenuß beibehalten.

KIRSCHEN Süße Kirschen bestätigen, daß Sie richtig gehandelt haben. Saure hingegen ermahnen Sie, Ihre Hoffnungen in einer bestimmten Angelegenheit nicht zu hoch zu schrauben.

KLEE Blühender Klee ist ein Zeichen innerer Harmonie. Findet man ein vierblättriges Kleeblatt, steht Glück ins Haus. Es zeigt sich in Form von großen Gewinnen oder wichtigen Bekanntschaften.

KLETTE Sie müssen lernen, auch einmal nein zu sagen. Sonst werden Sie von allen Menschen viel zu sehr ausgenutzt, und das kann sich für Sie nur nachteilig auswirken.

KNOBLAUCH Nicht alles wird gelingen!

KNOSPEN Das Versprechen von innerer Kraft, Lebensfreude und Harmonie liegt in Knospen. Nutzen Sie diese positive Phase, um die Weichen für Ihre Zukunft zu stellen.

KORN Eine längst zurückliegende Entscheidung stellt sich jetzt als richtig heraus. Bleiben Sie dem eingeschlagenen Weg treu, dann wird Ihr Leben bald eine positive Wende erfahren.

KRÄUTER Das Träumen von Kräutern zeigt eine baldige Genesung an. Sie werden Ihre ursprüngliche Vitalität zurückerhalten. Um gesundheitlich in Form zu bleiben, sollten Sie beruflich etwas kürzer treten.

KÜRBIS Nicht verzagen, bessere Zeiten werden kommen, und dann sind Sie wieder obenauf.

LAUB Frisches grünes Laub gibt Ihnen zu verstehen, daß Ihr Optimismus nicht unbegründet ist. Welke, farblose Blätter bedeuten kommendes Ungemach und raten zu Vorsicht in bevorstehenden Entscheidungen.

LAVENDEL Frischer Lavendel: Ihr Partner hat sich endgültig für Sie entschieden. Trockener Lavendel: Sie sehnen sich nach der Liebe eines Menschen, der für Sie unerreichbar ist.

SCHON IM ALTERTUM ERFREUTE SICH DAS DEUTEN VON TRÄUMEN GROSSER BELIEBTHEIT.

LILIEN Wer im Traum Lilien pflückt, wird darauf hingewiesen, daß er die geistige Macht, über die er verfügt, mißbraucht und zum Nachteil anderer einsetzt. Seien Sie etwas zurückhaltender. Lilien symbolisieren aber auch eine gute geistige Macht. Wer Lilien geschenkt bekommt, kann sich darauf verlassen, daß ihm Hilfe von anderen Menschen zuteil wird.

LINDE Die Linde ist das Symbol der Sehnsucht, der erfüllten Liebe und der Zärtlichkeit. Sie steht aber auch für die Fröhlichkeit des Herzens und für ein warmes Gemüt.

LORBEER Wer im Traum mit Lorbeer geschmückt wird, sollte sich vor übertriebener Eitelkeit und Selbstüberschätzung hüten. Nimmt man an der Auszeichnung eines anderen Menschen mit einem Lorbeerkranz teil, kann man selbst Anerkennung und große Ehren erwarten.

SCHON IN DER ANTIKE GALT DER LORBEERKRANZ ALS SYMBOL DER ANERKENNUNG FÜR SIEGER BEI DEN OLYMPISCHEN SPIELEN UND FÜR HERAUSRAGENDE MENSCHEN, DIE GROSSES GELEISTET HATTEN.

MAIGLÖCKCHEN Die grauen Nebel, die Ihnen bisher den Blick auf so vieles verwehrt haben, lösen sich sehr schnell auf. Es stehen Ihnen gute und angenehme Tage bevor.

MAULBEERBAUM An guten Ideen wird es Ihnen in nächster Zeit bestimmt nicht mangeln. Versuchen Sie, wenigstens einige davon in die Tat umzusetzen. Der Erfolg ist Ihnen sicher.

MELONEN Große Früchte: Gute Zeiten kommen auf Sie zu. Kleine Früchte: Sie dürfen nicht zu verschwenderisch sein.

MISTEL Ein Mensch aus Ihrem Bekanntenkreis, dem Sie sehr vertrauen, intrigiert insgeheim gegen Sie. Seien Sie etwas zurückhaltender.

MOOS Bald wird sich Ihre Kasse füllen.

MYRTHEN In wenigen Wochen wird Ihnen eine große Freude zuteil.

NELKEN Sie können sich getrost auf Ihre Freunde verlassen.

NESSELN Wenn Sie im Traum eine Nessel sehen und sich hüten, sie zu berühren, werden Sie auch im Leben jede Ihnen drohende Gefahr rechtzeitig erkennen und abwehren können.

NÜSSE Wer im Traum Nüsse knackt, wird darauf hingewiesen, daß er sich noch sehr anstrengen muß, um seine Lebensziele zu erreichen. Es wird Ihnen jedoch gelingen.

ORANGEN Ißt man Orangen, erhält man verlorene Kräfte zurück. Sie zu pflücken bestätigt den eingeschlagenen Weg.

ORCHIDEEN Achten Sie auf Menschen, die Ihnen schöntun und zuviel schmeicheln. Sie meinen es in den meisten Fällen nicht sehr gut mit Ihnen. Neben einer Enttäuschung steht Ihnen finanzieller Verlust ins Haus.

PALMEN Ein sehr positives Glückssymbol. Ihre Zukunft stabilisiert sich, und eine sehr vorteilhafte Periode beginnt für Sie.

PETERSILIE Mit Widerständen ist zu rechnen. Machen Sie sich darauf gefaßt, daß es in der Familie zu Streitigkeiten kommen kann.

PFEFFER Sie müssen sich auf schlechte Nachrichten gefaßt machen.

PFINGSTROSE Über Nacht erwacht die Liebe.

PFIRSICH Ihre Partnerschaft, in der es in den letzten Wochen etwas gekriselt hat, wird sich stabilisieren. Halten Sie noch etwas durch.

PILZE Wer vom Pilzesammeln träumt, dessen Arbeit wird belohnt. Pilze essen bedeutet: Sie sollten nicht zuviel auf einmal verlangen. Giftige Pilze warnen vor unredlichen, boshaften Menschen.

QUITTEN Sie versprechen Glück in der Liebe.

RADIESCHEN Sie warnen vor Geschwätzigkeit, auch Freunden gegenüber. Sie wissen ja: Reden ist Silber, Schweigen ist Gold.

RAPS Ein Streit mit einer nahestehenden Person kündigt sich an.

REIS Es wird Ihnen viel Geld zufließen.

RETTICH In einer persönlichen Angelegenheit kann es großen Ärger geben. Halten Sie sich mit Ihren Äußerungen zurück.

RHABARBER Ihn zu essen verweist auf große Enttäuschungen.

RHODODENDRON Eine neue Bekanntschaft hält nicht, was sie verspricht. Eine Trennung ist unvermeidbar.

RITTERSPORN Ein langjähriger Freund beweist wieder einmal seine Treue. Vergessen Sie nicht, sich erkenntlich zu zeigen.

ROSE Dieses uralte mystische Symbol hat sehr unterschiedliche Bedeutungen: Rote Rosen stehen für Liebe, weiße Rosen verheißen Trennung, gelbe Rosen warnen vor Eifersucht. Rosen geschenkt zu bekommen bedeutet, daß Wünsche in Erfüllung gehen. Wer Rosen verschenkt, wird enttäuscht. Sticht man sich an den Dornen, gibt es Liebeskummer. Sieht man welke Rosen, ist die Gesundheit in Gefahr.

SCHILF Vor weiteren Entscheidungen sollten erst einmal die bestehenden Verhältnisse geordnet werden.

SCHLEHEN Eine Angelegenheit geht gut aus.

SCHLÜSSELBLUME In der Liebe gibt es Komplikationen.

SONNENBLUMEN Erfolge sind angesagt, die jedoch nur von kurzer Dauer sein werden.

STACHELBEEREN Es kommt zu Zank und Streit.

EINIGE SYMBOLE ERLAUBEN – JE NACHDEM, IN WELCHER FORM ODER VERBINDUNG SIE AUFTRETEN – MEHRERE DEUTUNGEN.

STROHBLUMEN Ein Wunsch geht in Erfüllung – aber anders, als Sie es sich heimlich erhofft haben.

TABAKPFLANZE Traurige Stunden stehen Ihnen bevor.
TANNE Ein liebevoller Besuch trifft überraschend ein.
TULPEN Ein Geschäftspartner hält nicht, was er verspricht.

VERSUCHEN SIE NICHT, DAS LUZIDE TRÄUMEN ZU FORCIEREN – JE ENTSPANNTER SIE SIND, DESTO EHER WERDEN SIE ES ERREICHEN.

VEILCHEN Ein Ihnen nicht gerade nahestehender Mensch erweist sich als sehr treu und liebevoll.
VERGISSMEINNICHT Aus einer guten Bekanntschaft entwickelt sich eine leidenschaftliche Liebe.

WALD In den Wald gehen bedeutet, daß sich eine Situation möglicherweise verschlechtern wird. Ein kahler Wald kündigt schlechte Zeiten an.
WEINTRAUBEN Sie wollen Ihnen sagen, daß Sie neue Bekanntschaften schließen werden, die sehr hilfreich sein können.
WURZELN Wer im Traum Wurzeln ausgräbt, wird eine überraschende Lösung für seine Probleme finden.

ZITRONEN Zitronen auszupressen warnt vor zuviel Gutmütigkeit.
ZWIEBELN Zwiebeln zu essen bedeutet Ärger und Verdruß.

TRÄUME VON TIEREN

Träume von Tieren sagen viel über die Lebenskraft aus, mit der man die alltäglichen Lebensprobleme angehen kann. Aussehen und Verhalten von Tieren, die im Traum erscheinen, kündigen viele zukünftige Ereignisse und Geschehen an.

ADLER Ihn im Traum fliegen zu sehen weist auf eine positive geistige Situation hin. Er ist das Symbol der Bewußtheit. Kann der Adler nicht fliegen, deutet das auf eine Einengung geistiger Interessen hin.
AFFEN Haben Sie mit Affen zu tun oder werden Sie von ihnen attackiert, sind Sie in Gefahr, getäuscht zu werden. Also Vorsicht! Es werden Schwierigkeiten auf Sie zukommen.

DACHS Sie dürfen nicht zu offenherzig mit anderen über persönliche Probleme sprechen. Es könnte gegen Sie verwendet werden.

EIDECHSE Sie ist ein Tier, das die Sonne liebt. Dieses Bild mahnt Sie, weniger auf die Ratschläge anderer und mehr auf Ihre innere Stimme zu hören. Ihr Unterbewußtsein wird Ihnen dabei schon den richtigen Weg weisen.

ELEFANT Ein Symbol für Weisheit, Wertschätzung und Anerkennung. Ein wichtiger Hinweis auf zukünftigen Erfolg, der aber nur durch eigene Bemühungen zustande kommen wird.

ESEL Zügeln Sie Ihre innere Ungeduld. Manche Dinge müssen wachsen, man kann sie nicht beschleunigen. Reiten Sie auf einem Esel, haben Sie einen langen und schwierigen Weg vor sich. Ihre Vorhaben werden jedoch am Ende von Erfolg gekrönt sein.

EULE Sie ist im Traum das Symbol eines inneren Zwiestreites zwischen Vernunft und Leidenschaft. Sie sollten sich endlich entscheiden – so oder so –, damit Sie keinen seelischen Schaden nehmen.

FISCH Allgemein ist der Fisch das Symbol des Unbewußten. Wichtig ist bei der Traumdeutung das Umfeld, in dem er auftaucht, und die damit verbundenen Handlungen.

FROSCH Dieses schlüpfrige Geschöpf verkündet Glück und Erfolg. Sie sollten nicht zögern, den Sprung ins Abenteuer zu wagen. Aber Vorsicht, das Glück ist nicht sehr beständig.

FUCHS Auch hier handelt es sich um eine Warnung. Irgend jemand in Ihrer nächsten Umgebung will sie hintergehen. Seien Sie auf der Hut und meiden Sie vor allem Vertrauensseligkeiten.

WER EINE ENTSCHEIDUNG ÜBERSCHLAFEN MÖCHTE, HOFFT AUF DIE HILFE DURCH EINEN TRAUM.

GEMSE Je höher im Traum eine Gemse steigt, um so eindringlicher ist die damit verbundene Warnung: Hüten Sie sich vor allzu hochtrabenden Plänen. Sie wären mit großen Verlusten verbunden.

HAMSTER Dieses Tier gibt einen Hinweis auf die Notwendigkeit, das Leben und den Lebensabend zu sichern. Auch wenn es Ihnen momentan gut geht – sorgen Sie für schlechtere Zeiten vor.

HENGST Vor allem Frauen reiten im Traum häufig auf einem wilden Hengst. Darin drückt sich das Verlangen nach einem erfüllten Leben und starken sexuellen Erlebnissen aus.

HIRSCH Er kann zwei Bedeutungen haben: Als Symbol der Fruchtbarkeit, des Geistes und des Erfolges weist er auf positive Entwicklungen hin. Aber der Hirsch liebt auch die Einsamkeit und die Melancholie. Verkriechen Sie sich nicht in sich selbst.

HUND Sie haben viel Spaß an sexuellen Freuden – aber immer ein schlechtes Gewissen dabei, weil sie sich für schlecht halten. Der Traum will Ihnen klar machen, daß Ihre Einstellung zur Sexualität korrigiert werden muß. Seien Sie lockerer und machen Sie sich von althergebrachten Erziehungsmustern frei.

IGEL Ihm darf man nicht zu nahe kommen, das könnte schmerzhafte Folgen haben. Ein Mensch in Gestalt eines Igels ist immer ein böser Feind.

ILTIS Er weist auf Übelriechendes hin, auf Verleumdung und böse Nachrede. Wer im Traum einen Iltis tötet, befreit sich dadurch von negativem Gedankenballast.

INSEKTEN Sie können auf nervliche Störungen hinweisen. Verschaffen Sie sich mehr Entspannung und meiden Sie zu große Reize.

JAGUAR Neue Kräfte werden in Ihnen entstehen, weiter wachsen und dazu beitragen, das Glück an sich zu ziehen.

WIR ALLE TRAGEN DIE LÖSUNGEN FÜR UNSERE PROBLEME BEREITS IN UNS. IM TRAUM HILFT UNS DAS UNTERBEWUSSTSEIN, SIE ZU ERKENNEN.

KAMEL Sinnbild von Mühsal, von Geduld und Genügsamkeit.

KATZE Bei Männern bedeutet dieser Traum Verliebtheit, Sehnsucht nach einer Frau, bei Frauen Rivalität. In beiden Fällen kann es bald zu einer Trennung kommen. Weiße Katzen raten, nicht zu vertrauensselig zu sein.

KROKODIL Ein negatives Symbol Ihrer inneren Energien. Es rät Ihnen, Ihre Lebenseinstellung zu überprüfen.

KRÖTE Sie müssen viel seelischen Ballast abwerfen, er hindert Sie nur am Vorwärtskommen.

LÖWE Der König der Tiere symbolisiert die Sonnenkraft, die innere ungebändigte Seelenenergie, die in jedem Menschen vorhanden ist, aber nicht immer richtig gesteuert und eingesetzt wird.

MAUS Das ist ein Warntraum, der Ihnen sagen will, daß Sie Ihre Kräfte nicht gar so leichtsinnig verschwenden sollten, sondern in allem, was Sie tun, mehr Maß halten müssen. Sind die Mäuse weiß, sind Ihnen dagegen Glück und Freude beschieden.

PANTHER Wenn er weiß ist, können Sie sich auf die nächste Zeit freuen. Ist er schwarz, müssen Sie mit Verdruß rechnen.

PFERD Eine ernsthafte Warnung, das Seelenleben, Ihre Gefühle und Träume nicht zu kurz kommen zu lassen oder gar zu unterdrücken.

RATTE Ein Hinweis auf Sorgen, versteckten Kummer und furchteinflößende Gedanken. Irgend etwas Unbestimmbares nagt an Ihrer Seele. Gehen Sie in sich und versuchen Sie herauszufinden, was Sie so sehr beunruhigt.

REH Ein gutes Vorzeichen für neue Pläne. Setzen Sie alle Kraft ein, um sie in die Tat umzusetzen.

RHINOZEROS Sie werden sich durchsetzen, doch es wird lange Zeit dauern und bedarf Ihrerseits großer Geduld. Nehmen Sie trotz allen Ehrgeizes sehr viel Rücksicht auf andere.

RIND (KUH) Sie werden bald gute Zeiten erleben, aber auch schlechte kommen auf Sie zu. Bereiten Sie sich auf beide sehr sorgfältig vor.

SCHAF Hüten Sie weiße Schafe, stehen Ihnen Glück und Zufriedenheit ins Haus. Schwarze hingegen ermahnen Sie, Ihre Entscheidungen sorgfältiger zu überdenken.

SCHILDKRÖTE Sie haben sich einen zu harten Panzer zugelegt, den nur wenige Menschen durchdringen können. Geben Sie sich nicht mehr so zugeknöpft und streng, das hilft Ihnen in vielem weiter.

SCHLANGE Sie verkörpert den dunklen, geheimnisvollen Teil Ihrer Seele – und sie kündet von Bosheit, Intrige und Verrat.

SCHWALBE Sie leben in voller Harmonie mit sich und der Welt.

SKORPION Sie haben Feinde, die Sie aus irgendeinem Grund vernichten wollen. Halten Sie in der nächsten Zeit die Augen offen.

SPINNE Sie werden vor einer Frau gewarnt, die ein falsches Spiel mit Ihnen treibt und Ihnen Gefühle vortäuscht, die nicht vorhanden sind. Im allgemeinen ist ein Spinnentraum ein Zeichen für kommende gute Zeiten und glückliche Ereignisse, die aber auch Mühsal und Enttäuschungen mit sich bringen werden.

STACHELSCHWEIN Siehe Igel.

TIGER Wer von einer so wilden Katze träumt, der fürchtet, sein Triebleben nicht länger beherrschen zu können. Er ist in Gefahr, sich selbst oder anderen zu schaden.

VÖGEL Sie dürfen bald mit einer Beförderung rechnen. Es geht beruflich steil aufwärts. Ihr Gemüt ist leicht, unbeschwert und ausgeglichen.

ZIEGE Sie kündet ein wechselhaftes, launisches Schicksal an. Wappnen Sie sich gegen Enttäuschungen.

AUCH EINIGE SYMBOLE AUS DEM TIERREICH HABEN TIEF VERWURZELTE BEDEUTUNG AUS URALTEN ZEITEN. DASS DIE SCHLANGE FÜR DAS BÖSE STEHT, MUSSTEN SCHON ADAM UND EVA ERFAHREN.

BILDNACHWEIS

AKG, Berlin: 36 bis 49; IFA-Bilderteam, Taufkirchen: 112 bis 117 (Schmitz); Mauritius, Mittenwald: 14 bis 19 (O' Brien), 58 bis 65, 96 bis 101 (Bergmann); Parzinger Dominik, München: 50 bis 57, 66 bis 85, 118 bis 129; The Image Bank, München: 4 bis 7 (Charles Weckler), 9 (Murray Alcosser), 30 bis 35 (N. N.), 102 bis 111 (Nicholas Foster), 130 bis 141 (Regine M.); Tony Stone, München: 24 bis 29 (Paul Morrell), 86 bis 95

Seite 36 bis 49: Abdruck der Großen Arkanen des Rider-Waite Tarot Deck® mit freundlicher Genehmigung von U. S. Games Systems, Inc., Stamford, CT 06902 USA. Copyright © 1971 by U. S. Games Systems, Inc.

Seite 20 bis 23: Abdruck der Spielkarten mit freundlicher Genehmigung von F. X. Schmid, Prien.

Seite 102 bis 111: Zeichnungen von Beate Brömse, München

IMPRESSUM

Redaktion: Katja Rötzer, Dr. Judith Schuler
Projektleitung: Sandra Klaucke
Redaktionsleitung: Dr. Reinhard Pietsch
Bildredaktion: Barbara Glöggler, Bettina Huber
Umschlag: Manuela Hutschenreiter
Titelbild: Fotex, Hamburg: (Color Box)
Layout: Manuela Hutschenreiter
DTP/Satz: AVAK Publikationsdesign, München
Produktion: Manfred Metzger
Druck und Bindung: G. Canale & C. S. p. A., Turin
Printed in Italy
Gedruckt auf chlor- und säurearmem Papier

ISBN 3-517-09010-7

REGISTER